모세 사경회

모세 사경회

하나님 편에 선 인생

초판 1쇄 인쇄 2019년 10월 5일
초판 1쇄 발행 2019년 10월 10일

지은이 김양호
펴낸이 김양호

펴낸곳 사람이 크는 책
등록 제2019-000005호
주소 전라남도 목포시 비파로25-1, 5층
전화 010-2222-7179
메일 yangho62@naver.com

디자인 참디자인

ISBN   979-11-968129-0-4 (03230)

＊ 책 값은 뒤표지에 있습니다.
＊ 잘못된 책은 교환하여 드립니다.

Photo by freepik.com

모세 사경회

하나님 편에 선 인생

김양호 지음

Bible Class of Moses

사람이 크는 책

머리글

❧

　한국교회는 새로운 기회의 시대에 들어섰다. 또다른 과제를 떠안고 새롭게 도전하며 열심을 내야할 새로운 국면의 시대다. 한국교회는 결코 죽었거나 망해가고 있는 게 아니다. 하나님나라 과제에 대한 새로운 부르심으로 알곡같은 당신의 백성들과 교회를 하나님은 찾으시며, 이에 부응하는 충성된 자들을 찾으신다고 믿는다.

　한국교회를 향한 하나님의 은혜와 사랑은 지난 세기동안 부흥과 성장의 열매를 부어주셨다. 무엇을 하든, 어떻게 하든 하나님은 기름부으시고 당신의 교회를 이루시며 풍성한 은혜들을 허락하셨다. 그러나 오래된 역사를 자랑하는 교회마다 신자가 줄어들고 청년과 주일학교 아이들이 보이지 않는 현실이 또한 오래되고 있으며 그 양적 감소는 더욱 가중되고 있다. 예배당은 크고 화려한데, 정작 노년층 위주만 남아있고, 다음세대에 대한 걱정과 염려로 오늘 한국교회는 위기의 시대를 말하는 형국이다.

　그러나 우리는 분명히 이해하며 믿는다. 지금의 한국교회는 하나님나라의 새로운 과제에 대한 중요한 기로에 있으며 새로운 기회의 시대다. 교회가 교회다워지고 신자가 보다 신자다워지는 한국 기독교가 절실하다. 그 핵심 기준과 내용은 하나님 말씀으로부터 시작하리라 믿는다. 말씀에 대한 본질과 천착을 아무리 강조해도 지나치지 않을 것이다.

그 중심에는 말씀 강단의 회복이어야 한다. 강단이 황폐해지고 왜곡된 복음으로는 더 이상 하나님나라의 교회와 공동체로서의 존재감을 드러낼 수 없다. 역동적 복음의 능력도 하늘의 은혜도 기댈 수 없다. 세상과 변별력을 가질 수 없고 대조 대안으로서의 미션을 감당할 수 없다.

특히 지적되고 개선되어야 할 대표적 부문은 도덕설교, 윤리설교로 넘쳐나는 아쉬운 현실이다. 하나님의 말씀이 하나님의 말씀으로 전해지고 이해되는 게 아니라 인간의 도덕 감정에 호소하고 인본주의 감성에 지나치게 치우쳐 있다. 이는 신자들로 하여금 정당하고 바른 신앙과 삶을 가져다 주지 못한다. 왜곡된 믿음과 삶으로 오히려 위험할 뿐이다. 타인과 세상 앞에 옳게 다가가지 못하고, 특히 우리 한국 사회 여러 분야에서 역작용을 일으키고 거부감을 불러 일으키는 오늘의 교계 현실로 드러나 있다. 하나님께 대한 신앙을 곡해하고 오늘 한국교회가 잘못된 내용을 갖게 된 현실을 자성하고 이제 하나님 말씀에 대한 바른 이해와 순종으로, 정당한 가르침과 설교로 새롭게 한국교회를 재무장해야할 절실한 숙제를 풀어가는 열심과 충성이 요구된다.

구약의 영웅적 행태를 지닌 인물들이 참 많다. 이들에 대한 우리의 이해와 설교는 대부분 인물들의 잘남과 영웅호걸적 면모에 치우쳐, 지나치게 인본적이고 도덕적 모범 설교에 기울어 있다. 모세가 대표적이다. 필자는 이에 대한 문제의식을 가지고 모세에 대한 면모와 활동을 그린 성경의 본문을 다시 곧이 곧대로 정직하게 읽어 내려가며 하나님이 말씀하고자 하시는 모세의 면모, 그 모세를 들어 이스라엘과 당신의 택한 백성들을 구원해 내는 하나님의 일하심에 대해 더 초점을 두고 살피려 했다. 모세 인간의 면모나 성품, 인격이 일차적으로 우리 사람의 눈에 보이긴 하나, 이제는 그 사람 모세를 다루며 이끄시는 하나님의 마음과 행동에 더 우리의 신앙과 삶의 내용을 담아야 할 것이다. 우리는 하나님의 신자이기에 하나님의 말씀이 담긴 성경이 정작 말하고자 하는 바에 보다 깊이있는 이해와 가르침, 순종과 충성이 더해져야 할 것이다.

한국교회 설교 강단을 보다 말씀위에 바르게 새우고자 애쓰는 "설교자하우스"! 합동신학대학원 정창균 총장이 제자들과 함께 지난 20여년 넘게 꾸준하면서도 묵묵히 펼쳐오고 있는 참 멋있고 귀한 운동체이다. 여름과 겨울 일년에 두차례씩 성경 본문을 정해놓고 집중 세미나를 통해 어떻게 이를 값지고 의미있게 설교해낼 수 있을까, 함께 탐구하며 실제 설교를 해보는 훈련을 쌓아나가고 있다.

필자가 쓴 이 모세를 중심으로 한 글은 지난 2016년 여름세미나에서 행해졌던 내용에 기초하여 쓴 것이다. 이 글의 골격과 큰 줄기는 정창균 총장의 강의 내용이며 저자는 약간의 살만을 붙여 하나 하나의 글로 완결하였을 뿐임을 밝힌다. 학교에선 가르침을 주신 선생님으로, 교회에선 영적 멘토이며 나의 담임목사이셨던 정창균 총장님께 감사를 드린다. 부족한 이의 짧은 지식과 이해지만 독자들에게 하나님 말씀에 대한 선한 분별제가 되며 목회자에겐 보다 착하고 신실한 설교자로서의 각성과 도움이 되길 빈다.

2019년 가을

김양호

추천사

　이 책의 저자인 김양호 목사는 나와 오랜 세월 선생과 제자로, 담임목사와 부목사로, 그리고 함께 한국교회와 강단을 염려하는 동지로 지내왔습니다. 지난 수년 동안은 내가 설립하여 지도해오고 있는 설교자하우스 캠프에 저자도 어김없이 참여하여 나에게도 큰 격려가 되어주었습니다.

　이 책은 저자가 서문에서 밝힌 대로 3년 전에 설교자하우스 캠프에서 "새롭게 만나는 모세"라는 주제로 다루었던 내용을 저자 나름대로 다시 엮은 것입니다. 내가 모세를 새롭게 만난 데는 긴 사연이 있습니다. 십 수 년 전, 탈진에 탈진이 겹쳐 더 이상 목회를 할 수 없을 지경이었습니다. 도리 없어서 먼 나라에 요양 가 있다가 두어 달이 지나 기운이 조금 차려졌습니다. 다 내려놓고 초신자처럼 성경을 처음부터 다시 한 장씩 읽어보고 싶었습니다. 그렇게 기력이 닿는 대로 성경을 조금씩 읽어가다가 충격적으로 모세를 새롭게 만나기 시작하였습니다.

　저자인 김양호 목사는 원래 문필가입니다. 그의 문필가로서의 직관과 치밀한 사고력에 나의 모세 해석에 대한 통찰들이 얽혀 들어가 저자만의 신선

하고도 굵직한 문체로 작품들이 되어 독자들 앞에 모습을 드러내게 되었습니다. 감사할 따름입니다. 저자가 밝힌 대로 한국교회는 망하고 있는 것이 아닙니다. 절망과 좌절의 나락으로 대책 없이 떨어지고 있는 것이 아닙니다. 한국교회는 하나님께로부터 절호의 기회를 부여받고 있습니다. 신자가 신자다워지고, 목사가 목사다워져서 교회가 교회다워지는 기회입니다. 부흥기를 재현하는 것이 아니라, 신자다움과 목사다움과 교회다움을 회복할 기회입니다. 하나님께서는 이 기회를 붙잡으라고 지금 한국교회를 벼랑 끝으로 내몰고 있습니다. 하나님의 말씀이 제대로 선포되고, 온갖 고난을 무릅쓰고 말씀대로 살아내는 것이 이 기회를 잡는 데 결정적인 역할을 할 것입니다. 한국교회는 말씀으로 돌아가는 것이 급선무입니다.

이 책은 하나님의 말씀을 제대로 읽고 듣고 그래서 그대로 살아보고 싶은 열망을 가진 이 시대의 신자들에게 감동과 격려와 용기를 불러일으킬 것입니다. 모세를 모르는 독자들은 물론 모세에 대하여 자신이 있는 독자들은 더욱더 이 책을 일독할 것을 기대하며 추천합니다.

정창균 (합동신학대학원대학교 총장, 설교자하우스 대표)

Contents
차례

머리글 · **5**
추천사 · **9**

1. 죽음의 자리에서 · **13**
   신 34:5~12

2. 출생의 자리에서 · **31**
   출 1:1~2:10

3. 소명의 현장에서 · **47**
   출 3:1~10

4. 열 재앙의 현장에서 · **61**
   출 4:21~23

5. 하나님의 이름을 염려하여 · **77**
   출 32:1~14

6. 하나님과의 동행 · **91**
   출 33:1~23

7. 하나님 말씀을 들고 · **105**
   신 18:15~22

8. 백성의 문제를 들고 · **119**
    민 21:4~9

9. 옥에 티 · **131**
    민 20:1~13

10. 온유한 사람 · **143**
    민 12:1~16

11. 축복하는 사람 · **155**
    신 33:1, 29

12. 은혜입은 사람 · **167**
    신 34:1~12

1

죽음의
자리에서

신 34:5~12

호사유피 인사유명(虎死留皮 人死留名). 호랑이는 죽어서 가죽을 남기고 사람은 죽어서 이름을 남긴다,고 했다. 사람이 살아 생전에 무엇을 어떻게 하며 살았는 지를 후대인들이 평가한다는 말이리라. 살아있는 실존인물에 대한 이런저런 평판은 너무도 어색하고 객관적이지도 못한 법이다. 그래서 예로부터 우리 삶의 흔적은 죽은 후에라야 제대로 평가 받는 것이 불문율이다.

우리 민족 역사에서 대표적으로 이름을 떨친 이는 세종 임금이나 이순신 장군이다. 세종은 임금이라는 막강한 권한을 이용해서 어진 정치뿐 아니라 한글창제와 과학 발전 등등 여러 분야에서 창조적이고 실용적인 일들을 해낸 위대한 왕이다. 그래서 그에겐 '왕' 정도가 아니라 '대'자가 앞에 붙어 '세종대왕'이라 불린다. 이순신은 나라가 외적의 침략으로 위기에 처했을 때 충정과 진심을 다해 적과 싸워 나라를 지켜냈다. 여러 불리한 조건속에서도 자기 목숨을 내어 놓고 지략과 용맹으로 연전연승을 거듭한 영웅이다. 역시 그에겐 여타 영웅으로만은 부족하니, 우리는 그에게 '성(聖)'을 덧붙여 '성웅(聖雄) 이순신 장군'이라 칭송한다.

성경에도 이른바 유명한 인물들이 참 많이 나온다. 히브리 민족의 조상 아브라함부터 시작해서 여러 족장들, 왕들, 선지자들이 제각기 신앙의 본보기로, 이스라엘의 훌륭한 조상들로 채워져 있다. 그 가운데 불세출의 영웅으로 떠 받드는 모세도 있다. 모세, 그 이름에 대한 우리의 평가, 평판은 어떨까?

흔히들 애굽의 노예에서 구해낸 민족의 지도자로, 그 과정에서 벌어진 열 재앙과 홍해 사건 등을 영화 속의 스펙타클한 장면과 연상하여 대단한 영웅으로 비처져 있는 게 모세다. 모세에 대한 세상 호사가들의 단편적이고 일반적인 평가가 영웅적 면모나 그의 위대함에 앞서 있다면, 과연 성경은 그의 이름을 두고 무엇이라 진단하는 지, 제대로 눈여겨 보고 싶다.

하라는 대로 다 한 사람

신명기 34장, 모세 오경의 맨 마지막답게 저자이며 주인공 모세의 죽음을 기록하고 있다. 모세가 120년 파란만장한 일생을 마감하는 장면인데, 특히 모세에 대한 마지막 결론은 매우 명료하다.

"여호와께서 그를 애굽 땅에 보내사 바로와 그의 모든 신하와 그의 온 땅에 모든 이적과 기사와 모든 큰 권능과 위엄을 행하게 하시매 온 이스라엘의 목전에서 그것을 행한 자이더라"(11~12).

수식어 '모든~'에 더한 강조가 있다. 하나님이 그에게 분부하고 명령한 것을 모세가 행하였는데, 몇 개 잘하는 정도가 아니라, 어느 것 하나 빼놓지 않고 모두 다 해냈다고 한다. 하나님이 하라고 한 모든 것을 다 해낸 사람, 그가 모세다. 우리 기독교 용어로 '순종'이라 하니, 모세는 가히 '순종의 사람'이라는 게 성경의 평가다. 기적의 사람, 위대한 영웅, 민족의 지도자,... 등등의 평가와는 별도로, 성경이 모세의 죽음을 두고 그의 이름에 내린 결론은 그는 '순종하는 사람'이라는 것이다.

바로 궁정에서 행한 열가지 재앙이나 홍해 이적 등 대표적 몇가지 사건들이 우리에겐 늘 앞선다. 그러나 그 출애굽 초기의 사건들 만으로 그치지 않고, 모세가 광야에서 40년 내내 이스라엘 백성과 지지고 볶고 한 그 많은 시간과 공간 속에서의 사건과 삶, 사역 모두를 다 포함하여 그 모든 것에 하나님 편에 서서 하나님 기뻐하시고 인정하시는 충성과 순종의 삶을 살았다고 평가한다.

애굽의 압제에서 그 히브리 노예들의 삶이 어떠했는가. 헬 애굽, 지옥의 애굽에서 그들을 꺼내어 그들을 구원해 내고 젖과 꿀이 흐르는 땅으로 인도하여 낸 이는 누구인가. 그런데 그들이 그 은혜, 감사 모르고 모세를 원망하고 미워하고 배신때린다. 무려 40년 내내 광야생활 동안 지치지도 않고 계속 그랬다. 그런 수모, 원망, 배신 감수하며 이렇게 지도자요 하나님 일군이라 자임할 수 있으랴.

현대인들이 겪는 스트레스 가운데, 공황장애 질병이 참 심각하다. 많은 사람들이 자신의 업무에 대한 성과 강박증이나 사람과의 관계에서 오는 어러움 따위로 괴롭게 지내는 이들이 많다. 목회자들도 적지않게 비슷한 증후군에 시달리며 힘겨운 사역을 감당하는 이들이 많다. 잘은 몰라도 모세역시 이와 비슷한 정신적 후유증에 너무도 많이 시달렸으리라. 그렇다고 제대로 된 심리치료도 받아보질 못했을 것이고, 무슨 안식이나 피정이란 언감생심이었을텐데, 그 모든 역경과 고초 속에서도 하나님 말씀 소홀히 하지 않고 모두 다 그대로 행한 자라 하니 그를 다시 제대로 평가하는 건 의미심장하다.

그리고 신 34장은 마침내 그가 인생을 마감하는 순간의 모습이다. 죽어가는 그 최후의 순간까지도 흔들림없이 끝까지 하나님 명령에 따르는 면모를 또한 여실히 보여준다. 죽는 그 순간까지도 어떻게 순종의 마지막 충정을 드러내는 지를 말하면서 모세의 일생 전체를 회상하며 성경은 그의 이름에 하나님의 그 모든 일들을 다 행한 자라고, 순종의 사람이라고 결론 짓는다.

죽으라면, 그것까지도

'순종'은 기독교에서 대단한 가치다. 믿음의 중요한 기준이다. 세상에는 하기 쉽고 간단한 일이나 명령도 있지만, 종종 어렵고 버거운, 혹은 대단히 하기 싫은 것도 의외로 많다. 전자는 누구나 할 수 있을 터이지만, 후자는 그렇지 못하다. 귀찮고 어렵고 하기 싫지만, 그것까지도 그 명령에 따르려

하고 충성할 때, '순종'이 덧붙는 것이다.

모세에게 '순종의 사람'이란 명예를 성경이 붙였는데, 모세가 적어도 40년 이스라엘을 이끌고 출애굽하여 광야 여정에서 얼마나 하기 싫고 귀찮고 버겁고 어려운 일이 많았으랴. 그럼에도 그 모든 것을 다 해내었으니 그것이 그의 이름을 빛나게 하는 일이다.

모세가 하나님의 능력의 지팡이를 들고 바로 앞에서 참 의기양양하게, 어쩌면 기고만장한 태도로 '우릴 내 보내달라'고 으름장 놓고, 아니면 '너희 재앙 당할 것이다'고 협박하는 것처럼 보인다. 그리고 열재앙을 펼치면서 애굽에 보란 듯이 아주 작살을 내는 것같다.

숱한 기적과 이적을 행하는 모세, 그 웅장하고 스펙타클한 진행 과정과 결과를 우리는 후대에 알고 있으니 참 신바람나고 무척 재미있고 감동있게 여겨진다. 그러나 그 하나하나 사건이 생기고 일이 발생할 때마다 모세 자신은 당대에 어떠했을까. 우린 마치 느긋하게 앉아 녹화 비디오 보듯이 단순한 감상에만 빠져 있는 게 태반이지만, 수천년전 그 시대의 현장으로 우리도 들어가 그곳에서 모세가 어떻게 처신하고 하나하나 임무를 수행하고 있는가를 동일시해보면 그리 간단하지 않았던 것들을 보다 이해할 수 있다.

바로 왕앞에 나이기는 모세, 그의 심사가 어떠했을까? 왕 앞에 나아간다는 것은 죽음을 뜻한다. 에스더가 아하수에로 왕앞에 나아갈 때 "죽으면 죽으리라"(에 4:16) 각오해야 하지 않았던가. 권력자 앞에, 권위자 앞에선 부들부들 떨리고 간이 콩알만 해지는 게 사람이다. 게다가 당대의 신이라 불리는 바로 왕 앞이라면 그건 정말 하기 싫고 너무 무서운 일이다. 만나는 것도 겁나는데, 그 앞에다 대고 자기 백성들을 나가게 해달라 요청하는 건 더더욱 못할 짓이다. 제대로 말하기도 고역인데, 모세는 말 주변도 부족한 사람이니 설상가상이다.

우린 신앙이니 믿음이니 하는 말들을 자주 쉽게 내뱉는다. 나쁘게 말해서 얼마나 가증스런 말들을 아무렇지도 않게 입에 담는 지, 스스로 돌아봐도 참 뻔뻔하고 부끄러울 때가 얼마나 많은가. '하나님 은혜'는 참 귀하고 가치 많은데, 그걸 입에 담는 우리 신자들은 때로 아무 의미없이 의례적이거나 위선적으로 해댄다. 모세가 아무리 하나님 함께해 주심을 의지하고 믿는다 해도 눈 앞에 있는 바로가 얼마나 위협적이고 무서울까. 대단히 두려웠을 것이다.

그런데 모세는 이걸 한두 번도 아니고, 서너 번도 아니고, 예닐곱 번도 아니고, 아홉 번, 열 번 바로 앞에 나아가 하나님의 뜻을 선포하였으니 보통일이 아니다.

갈 때마다 하나님의 명령을 전했는데, 바로가 듣지 않아서 그때마다 재앙이 내렸다. 애굽 전역에 엄청난 재앙이 연이어 터졌다. 끔찍한 대형 사고가 한 두 번도 아니고 계속되는 데도 바로는 여전히 꿈쩍 않는다. 바로가 이제 포기하고 두 손 두 발 다 들겠지 하는데, 여전히 강팍하다. 그의 까탈스러운 고집은 대단히 강고하고 매우 위협적이다. 여러번 찾아가서 얘기하고 돌아서는데 그리고 재앙까지 내렸는데, 모세에게 다가오는 것은 배신과 실패뿐이다. 한 번 왕 앞에 나아가는 것도 못할 짓인데, 이걸 여러번 해야하니 처음의 그 용기와 담대함도 자연 사라지고 위축되고 제풀에 꺾여 주저앉을 지경이다.

보통 사람이 지닌 인격이나 실력이 뭐 얼마나 대단하랴. 체력이나 지구력, 세포 호르몬이 한계가 있다. 몇 번 시도하다 실패하면 의지가 사그라지고 포기하고 도망가고 싶은게 정상적인 다수의 사람이다. 모세로선 죽어도 여러번 그는 죽었을 일이다.

어찌보면 바로 왕도 모세도 지독하기 그지없고 무섭기 그지없는 자들이다. 모세도 대단하지만, 나라가 완전 작살나는 지경에도 요지부동인 바로, 그게 통치자이면 정말 나라 망하는 거다. 바로는 나라 말아 먹어도 내 고집, 자존심 포기 못한다하는 것이고, 모세는 이스라엘 새로운 민족과 나라 일으키고 백성들 살리기 위해 내 두려움과 목숨 기꺼이 내놓고 끝까지 의지, 인내심 쏟는다.

9번을 갔고, 9번째 재앙이 내렸으면, 바로는 정말 항복해야 한다. 그런데 여전히 강짜 부린다. 이 정도면 정말 모세로서도 완전 질릴 일이다. 깡다구도 정도이지, 그렇게 있는 힘껏 상대를 때리고 눕협는데, 넘어진 상대가 또 오뚜기같이 일어나 "또, 때려봐",하고 째려보면 때린 사람이 지친다. 더 이상 때릴 힘이 없어 "지독한 독종, 네가 이겼다" 헥~헥~ 하는 거다.

또 나아가는 모세

그런데 모세는 10번째 또 간다. 웬만한 믿음의 사람도 이번에도 헛수고, 실패하지 않을까, 염려 당연히 따를 것이다. 하나님께서 이번엔 진짜 마지막이라고(출 11:1) 약속하셨지만, 약속의 하나님보다는 9번 실패와 배신의 경험이 더 피부에 가까운 게 우리 연약한 사람들 아닌가! 성경은 다시 바로 앞에서는 모세에 대해 그런 우려와 불신을 전혀 내비치지 않는다. 오히려 신실함과 충성함으로 무장하여 담대히 바로 앞에서는 모세를 그리고 있다. 이런 모습들 때문에 모세를 '순종의 사람'이라 단호히 평가하나 보다.

모세는 하나님이 하라시는 대로 다 한다. 10번 가라 해서 10번 간다. 아마 100번 가라 했으면 또 그리했겠지. 숫자가 중요한 게 아니라 하나님의 말씀이면 어느 것 하나 소홀히 하지 않고 그 모두를 다 감당하고 순종한다. 그것을 모세오경 맨 마지막에 '모든~'이란 수식어를 세 번이나 반복해서 그의 순종 행위를 강조하여 드러내는 이유다. 진실로 순종이란 쉬운것, 내가 그냥 할 수 있는 것 정도가 아니라 도무지 하기 어렵고 힘들고 벅차고 그리고 맘내키지 않고 죽기보다 싫은 그것까지도 해내는 거다.

그뿐만이 아니다. 때론 혹독한 댓가를 지불하고 치루는 일도 감수하며 해야한다. 심지어 목숨 내어놓는 수준에서도 말이다. 모세의 순종 수준이 그랬다. 모세는 죽기 바로 직전에도 두가지 명령이 주어졌다. 하나는 죽으라는 것이고, 하나는 여호수아에게 대권을 넘기라는 거다. 120년 살았으면 비교적 상당히 오래 살았다. 그가 노래한 대로 당시 사람이라면 70년, 건강해야 80년 사는데(시 90:10), 그보다 40년, 50년 더 살았으니 여한이 없고 행복하게 죽을 수 있을 거라고? 글쎄다. 어림없는 소리다. 아무리 많이 살았어도 정작 죽음 앞에선 평소의 인격과 태도 돌변하는 게 연약한 인간이다. 젊은날 별 고생 다하며 삶의 금자탑 쌓았는데, 그걸 갑자기 다른 사람한테 그냥 넘기라고? 공수래공수거(空手來空手去), 홍얼거리며 그리할 수 있나? 참 어렵고 고역스럽기까지 한 일이다. 그 둘을 모세는 전혀 아무렇지도 않게 했단 말인가!

첫 번째부터 자세히 보자.

"여호와의 종 모세가 여호와의 말씀대로 모압땅에서 죽어"(5).

이 무슨 말인가. 그러니까 하나님께서 모세더러 "이제, 너 죽어라" 했다니! 그런데 더 가관인 것은 모세가 그걸 순순히 받아들여 이 세상 하직했다는 게 팩트다.

하나님께서는 모세를 비스가 산꼭대기에서 평생 꿈이던 가나안 땅을 눈으로 살펴 보게만 하고, 매정하게도 그곳 입성은 허락하시지 않았다. 그리고 모세인생의 종지부를 명령하였고, 모세는 어찌보면 너무 허무하게 그렇게 죽었다.

다른 건 몰라도 딱 하나, 그것 바라고 이루고자 오랜 세월을 인내하고 수고하며 땀흘려 마침내 그 꿈을 이룰 수 있는 마지막 길목에 다 왔는데, 그만 거기서 멈춰야 한다면 그 인생을 뭐라 할 수 있을까. 내 평생 소원 이것뿐, 하면서 온갖 고생 댓가를 다 치룬 인생인데, 말년에 다 잡을 것 같은 결과물을 얻지 못하고 되돌아서야 한다면, 우리는 무슨 반응을 보일 수 있으며, 얼마 남지 않은 노년을 어떻게 살아갈 수 있으려나.

그게 무슨 대단한 욕심, 과욕도 아니고 내 개인적 이기심만 채우는 것도 아니다. 하나님이 약속하셨던 일인데 그 하나님이 포기하라고 강요한다면 쉽게 수긍하고 당신의 종이오니 주의 뜻대로 하리이다, 순순히 따를 수 있겠는가. 지나온 그 많은 세월과 돈과 청춘이 너무 아깝고 속상하고 그러지 않겠는가. 야속하고 아쉽기 그지없는 모세의 좌절 스토리는 신명기 3장 23절에서 29절에 보다 자세히 나온다.

너는 빠져, 토사구팽?

신명기는 모세가 이스라엘 백성들을 향해 선포한 마지막 하나님의 말씀 선포인데, 설교를 하다말고 여기서 갑자기 모세는 하나님께 기도를 한다. 아주 간곡한 청탁성 간구를 한다. 하나님의 마음을 얻으려는 듯 그는 하나님의 크심과 능력을 찬송하는 것으로 시작한다. 하나님이 천지간에 짱입니다, 하나님 최고입니다,하며 더할 수 없는 신앙고백에 이어 그의 마음 속 간절한 소원을 드디어 꺼낸다. 자기도 가나안에 들어가게 해달라는 청탁이다. 어찌보면 대단히 꺼내기 어려운 부탁인데, 그도 얼마나 가나안에 들어가고 싶어했으랴. 그 곤혹스런 부탁을 하나님께 드릴려고 먼저 잔뜩 하나님을 높이고 찬양하며 하나님의 마음을 흔들었던 것이다. 그 하나님도 때론 우리 때문에 기쁨을 주체하지 못하시는(습 3:17) 인격적인 분이지 않는가 말이다.

가나안이 어떤 땅인가? 하나님이 오래 전에 아브라함에게서부터 약속해 온 땅(창 13:14~18; 17:8)이며, 정탐을 다녀왔던 여호수아와 갈렙의 말처럼 젖과 꿀이 흐르는 심히 아름다운 땅(민 14:7~8)이다. 모세도 이 땅을 꿈꾸며 그토록 오랜 인고의 세월을 견뎌왔으니, 그 갈망이 얼마나 컸으랴. 200만 엄청난 사람들이 아무 것 없는 메마른 광야에서 40년을 살아오느라 얼마나 보대끼고 힘겨운 삶이었을까. 먹는 것은 만나와 메추라기로 그렇다치고, 온갖 쓰레기며 오물처리 등 여러 위생문제를 비롯해 참으로 척박하고 더럽고 지긋지긋한 삶의 환경이었으니, 그렇게 아름답고 기름진 땅이라는 가나안을 얼마나 사모하며 그리워 했으랴. 하여 모세는 잠시만이라도, 조금만이라도 좀 들어가 보고 싶다는 간청을 하나님께 아뢰었던 것이다. 뭐 그리 어려운 것도 아니고 대단히 잘못된 내용도 아니다. 그런데 하나님의 대답은 너무 야속하고 매정하기 그지없다.

하나님께서 매우 진노하시고 그만 족하니 다시 그런 말 하지 말라(신 3:26)고 하신다. "조용해! 입다쳐! 다시 그딴 소리하기만 해봐라!" 뭐, 이런 분위기다. 혹 떼려다 더 큰 혹 붙이고 말았다. 하나님이 이토록 정색하며 불편한 심기를 여실히 드러내시다니.

모세는 전에 므리바 사건으로 하나님으로부터 징계를 받았는데, 그게 바로 가나안 입성 불가였다. 하나님의 거룩을 훼손하고 여호와를 신뢰하지 않은 형벌이 자못 가혹했다. 하나님 일군으로 부름받아 그 오랜 시간을 고생하며 그 수고와 열정 마다않고 충성해 왔는데, 그렇게 하나님 칭송하며 간절한 소원 부탁드려 보는데, 잘 타일러도 슬프고 억울한 마당에 이렇게 매정하게 엄중한 경고까지 하시니, 모세의 심사가 얼마나 흉흉하고 억울했을까? 세상에선 이를 토사구팽(兎死狗烹)이라 하지 않는가 말이다.

그렇지만 하나님께서는 모세에게 경고하면서 네가 가나안에 들어가지 않아도, 지금 이 순간만 해도 족하다(신 3:26)고 하신다. 없을 땐 아주 미미한 것만으로도 기대와 만족, 허언장담하지만, 그것이 채워지면 또 금새 더 나은 것들을 기대하고 욕심 부리는 게 인지상정이다. 우리 안에 있는 많은 것들이 이미 충분하며 이미 있는 것만으로도 하나님의 은혜는 상당히 크다.

육체의 가시 제거해 달라는 바울더러 그것이야말로 네게 족한 은혜(고후 12:9)라며 약한 것을 통해 네 능력이 보다 온전하여 진다, 하신다. 실로 동서고금에 성경만큼 역설적 진리를 표방하는 게 또 있으려나. 신구약을 대표하는 바울과 모세가 하나님께 자기의 소원을 간구했음에도 하나같이 거절당했고, 그것을 은혜라 평가하는 성경을 곱씹어야 할 것이다.

40년 광야를 마감하고 이제 드디어 가나안 출정을 목전에 둔 상황에서 모세의 형편을 살펴보면, 그는 여전히 사망과는 거리가 있는 신체적, 정신적으로 양호한 상태였다. 물경 120세임에도 그는 눈이 흐리지 아니하였고, 기력이 쇠하지 아니하였다(7절). 얼마든지 수명 연장이 가능한 건강한 상태였지만, 하나님은 그에게 죽음을 명한다. 더 이상 이 세상에서 모세의 삶이란 의미없으며, 외려 이스라엘의 가나안 진군을 눈앞에 둔 새로운 시대에 새로운 세대에 대한 배려일 게다. '율법'의 상징으로 존재하는 모세도 가나안에는 들어가지 못했다는 것으로 기독교의 '은혜'를 돋보이게 하고자 함도 있으리라.

죽어가는 마당에 요구하는 두 번째 순종의 내용은 후계자에 대한 순전한 위임이다. 여호수아에게 모든 대권을 다 내어 주라는 것이다.

> "모세가 눈의 아들 여호수아에게 안수하였으므로 그에게 지혜의 영이 충만하니 이스라엘 자손이 여호와께서 모세에게 명령하신 대로 여호수아의 말을 순종하였더라"(9절).

오늘 한국교회가 여러 문제로 몸살을 앓고 있는데, 대표적으로 황금만능주의 늪에 빠져들고 있는 세태다. 수고하고 애쓰며 열심으로 교회를 세워오고 이끌어온 것은 칭찬할 일이나 그 교회의 외형과 자산을 정상적으로 다른 이에게 넘기지 못해 친자에게 세습하는 행태는 너무도 부끄러운 처사다. 늘 주님의 교회라 했을 텐데, 교회를 사유화하고 그것을 다른 후배에겐 주기 싫어 자식이든 사위든 변칙을 통해서라도 자기것인 양 물려주는 꼬락서니라니. 북한의 정치세습, 재벌의 경영세습, 한국 교회의 목회세습. 도찐개찐이다.

너, 그만 물러나라 하면?

이야기 하나 해볼까. 한 삼백명, 혹은 오백명 쯤(그 이상도) 교회하는 담임목사 얘기다. 교회 건물도 번듯하게 괜찮게 있고, 재정도 풍족하여 사례비나 목회비 씀씀이 괜찮고, 시간 나는 대로 여기저기 해외 선교활동도 다니며, 교회에선 별 문제없이 모든 성도들과 공동체 이루는 50대 혹은 60대 목회자다. 아직 정년은 많이 남아 있는데, 갑자기 어느날 하나님께서 "너 이제 담임 그만 하고 하늘나라 와라. 그리고 네 교회 아무개 부교역자한테 고스란히 담임 위임해 줘라"고 하면...

만약 그게 나에게 주어진 명령이라면 어떻게 해야할까. 늘 하나님께 순종하라고, 마라나타, 주님의 재림을 늘 사모하며 우리 갈 곳은 이 세상이 아니라 저 천국 낙원이라고, 그리도 설교하고 가르쳤는데, 아직 건강하고 하고 싶은 일 많이 남았는데, 나에게 그리 명령하면 우린 할렐루야하고 이 세상 미련없이 기꺼이 저 세상 기쁨으로 달려갈 수 있을까. 더군다나 우리 보기에 그 아무개 부교역자, 아직 어리고 모자란 것 투성이라 담임은 언감생심인 녀석인데 그에게 담임 맡기라고 한다면, 우린 진심으로 축복하며 그렇게 할 수 있을까? 실제 주변에선 이런 일들이 허다이 일어나는데, 과연 목회 이양이 순조롭고 은혜롭게 잘 이뤄지고 있는건가.

모세는 지금 상당히 당혹스럽고 어안이 벙벙하다. 아니, 지금 여전히 건강하고 총기있는데, 나더러 이제 그만하고 죽으라지 않나, 여호수아에게 위임하라지 않나. 모세에게 일어나는 일의 현실이 이런 지경이다. 어쩌면 모세도 이 상황을 처음에는 받아들이기 힘들었을 것이다. 내가 왜 지금 한창 목회 잘하고 있는데, 교회 그만둬야 해요, 왜 저 아직 덜 떨어진 것같은 부목사에게 넘겨야 해요. 뭐 잘못 판단하시는 거 아니에요. 하나님이시래도, 이건 아닌 것 같은데요...

납득하기 어렵고 도무지 합리적이지도 효율적이지도 않는 이 말도 안되는 현실과 상황에서도 그것을 결국 인정하고 말씀대로 고스란히 행하는 사람. 그 내용이 중요하지 않다. 누가 그것을 요구하느냐가 본질이다. 하나님! 하나님이 요구하시는 일이니까, 그 하나님 때문에 그 내용이 무엇이든 그저 따르고 따른다. 그래서 모세를 순종의 사람이라 한다.

모세는 여호수아에게 자신의 모든 것을 다 이양한다. 그냥 한 게 아니다. 제대로 순전하게 아름답게 했다. 모세가 여호수아에게 안수하였을 때, 여호수아에게 지혜의 영이 충만하였다. 이스라엘의 새로운 지도자로서 하나님의 일을 할 수 있게 되었으며, 그의 말에 온 이스라엘 자손이 순종하였다(9절). 하나님의 영에 감동된 요셉(창 41:38)이, 하나님의 영이 충만한 브살렐(출 31:2)이 하나님의 일을 멋지게 해내는 법이며, 뭇 사람들의 칭송과 지지를 받는다.

모세의 여호수아에 대한 지도력 위임은 마치 다윗이 솔로몬에게 한 것과 비슷한 양상이다. 다윗에게도 한가지 소원이 있었다. 이스라엘은 다윗 자신의 나라가 아니라 하나님의 왕국이라는 게 그의 고백이다. 그래서 그 하나님이 직접 이 땅에 내려와 통치하시길 염원하는 마음으로 그는 하나님의 성전을 짓겠다고 했다. 얼마나 기특하고 이쁜 생각인가. 참 하나님 마음을 기쁘게 하고 흡족케 하는 너무 앙증맞은 신자의 태도요 삶이다. 그러면 하나님께서 응당 "그래, 너 참 이쁘고 고맙구나. 열심히 해라. 내가 은혜를 더하리라" 이래야 할 듯한데, 하나님의 반응은 또 사람의 생각과 다르다. "넌, 성전 공사에 필요한 모든 자재와 자금은 다 마련해라. 그런데 정작 공사는 네가 하지 말고 솔로몬이 해야 한다"라니. 사람의 생각에 대해 하나님은 달라도 참 많은 경우 생각을 달리 하신다(사 55:8). 자기 생각과 다른 하나님의 뜻을 존중하고 순종하여 자기 몫을 솔로몬에게 이양하는 다윗은 진정 아름다운 신앙의 표본이다. 바울이 다윗더러 당대에 하나님의 뜻을 따라 섬겼던 사람이라(행 13:36) 칭찬하는 정도이니.

교회를 세우고 공동체를 살리는 순종

모세가 어떻게 죽어가는 그 순간까지도 끝까지 최선으로 하나님께 순종하고 하나님 분부한 그 모든 것을 일심으로 충성하였는 지 살폈다. 오늘날 교회 안에 이 순종이 왜곡되어 있는 게 많다. 목회자들, 지도자들이 개인적 사적 욕망을 채우는 수단으로 성도들과 사람들에게 강요하는 형국이다. 아주 나쁜 모습이다. 어떤 명령이나 부르심이 개인적 목표를 떠나, 보다 이웃과 공동체에 유익을 주고 살리는 일에 하나님 뜻을 분별하여 열심 충성해야한다.

쉽고 할 수 있는 것, 종교적 행위 정도로 생색내는 순종 말고, 그 이상으로 불편하고 어렵고 댓가를 지불해야 하고, 그래도 교회 공동체를 위하고 유익을 주는 일이라면, 하나님 기뻐하시는 책임이요 역할이라 받아 들이고 그대로 따르고 준행해야 하리라. 많은 경우 포기하라 하면 개인적으로 야속하고 아쉽더라도 그것까지도 순종함을 통해 보다 많은 다른 이들에게 하나님의 은혜가 넓혀지고 온 세상에 하늘의 복이 펼쳐질 수 있다면 얼마나 복이랴. 하여 오늘 현대 기독교 신자라면 다시 순종의 명제 앞에 마음과 뜻을 새롭게 모을 일이다. 모세가 죽음의 순간까지도 그랬듯이 말이다.

2

출생의
자리에서

출 1:1~2:10

하나님의 구속 역사, 한 개인 아브라함으로부터 시작한 가족과 족장의 이야기인 창세기를 넘어 출애굽기에 이르면 이제 민족과 나라로 확장하는 이야기가 전개된다. 그리고 신약 시대 예수 복음으로 인해 제한적이던 열방, 온 세계, 모든 민족, 모든 나라에까지 확장하는 구속의 역사가 진행되고 있다. 현재진행형으로 이뤄져 가는 하나님나라. 한편 이에 반하여 거역하고 방해하며 훼방놓는 세상 악의 권세 역시 동일하다.

세상은 이미 하나님의 창조를 '죄'를 통해 어지럽혀 놨다. 하나님 창조 역사에 장애물을 놓은 것이다. 그럼에도 하나님은 다시 구속의 회복을 기획하고 아브라함으로부터 시작하여 마침내 예수 그리스도를 통해 기어코 구속의 역사를 완성해 가실 것이다. 이 와중에 세상은 처음부터 끝까지 적대적이며 모든 악의 세력을 동원하고 있다. 하나님나라에 대한 세상 나라의 대립각은 마침내 종말직 심판의 때까지 계속될 것이다.

흙수저 인생을

애굽과 바로는 하나님나라 역사의 대표적 방해꾼이다. 오늘 본문은 이 훼방과 방해 일삼는 바로와 애굽의 실상을 고발하고, 이에 대하여 그들을 저지하며 기어코 하나님나라 일을 만들어가시는 하나님을 또한 만날 수 있다. 그런데 그 하나님께서 이 일을 이루는데 누구를 들어 쓰시는가? 하찮고 별볼일 없는 산파들이다. 하나님나라의 주인공들과 성경의 주요 인물은 루저들, 흙수저들이 다수다. 이보다 더한 아이러니, 역설의 이야기가 따로 있으랴.

우리는 생각하기를 그래도 세상 나라에 맞서서 싸우며 하나님나라를 이뤄가자면, 뭔가 그들보다 나은 게 있고, 아는 것도 많고, 능력도 가진 것도 많은 자라야 하지 않겠나, 뭔가 쓸모가 있어야 하지 않을까 싶은데, 성경은 늘 다르게 말한다.

여기 산파들도 그렇다. 가장 힘없고 별볼일 없어 보이는 산파들이 무섭고 위압적인 바로의 권세에 대항하여 하나님나라를 지켜내고 있다. 산파 주제로서는 도무지 바로에 대항하여 이겨낼 힘도 능력도 전혀 없다. 그들이 지닌 지식, 지혜, 능력, 돈 따위가 얼마나 내세울 만하겠는가! 세상은 그럴지라도 하나님나라에선 별 소용이 없는 것들이다. 돈으로도 못가요, 하나님나라. 힘으로도 못가요, 하나님나라. 그 나라는 믿음으로 가는 나라이다.

"하나님이 그 산파들에게 은혜를 베푸시니 그 백성은 번성하고 매우 강

해지니라. 그 산파들은 하나님을 경외하였으므로 하나님이 그들의 집안

을 흥왕하게 하신지라"(1:20~21).

하나님 은혜에 힘입어 산파들이 하나님을 경외함으로, 하나님 편에 서서 일을 할 때, 하나님은 그들로 하여 이루게 하고 마침내 승리하게 하신다. 하나님 하시는 구원 역사에 그들은 하나님의 손길이 되고, 하나님 손에 붙잡힌 도구가 되어 그저 단순하게 순종할 뿐이다. 무지렁이 인생들이 펼치는 순박한 충성을 통해 하나님은 당신의 나라를 지금도 이뤄 가신다.

하나님나라의 일

출애굽기 1장에서 펼쳐지는 하나님나라의 실상을 보자. 이스라엘 민족의 인구가 증가하고 있다. 그것도 유사 이래 획기적일 만큼 매우 폭발적으로. 이전의 족장 단위에서 이제 민족과 나라를 의도하는 보다 많은 백성들의 인구증가를 꾀하는 것이다. 나라를 구성할 만한 백성이 만들어 졌기에 비로소 모세를 등장시켜 출애굽을 하고, 가나안에서의 새 나라를 만들려고 한다. 모세 등장 직전의 출 1장에서 유독 이스라엘 인구 증가를 자주 말하고 강해졌다는 것을 거론하는 까닭은 새로운 역사 전환을 앞둔 전제로서의 상징성을 더욱 부각시키려 함이다.

"이스라엘 자손은 생육하고 불어나 번성하고 매우 강하여 온 땅에 가득하게 되었더라"(1:7).

"그러나 학대를 받을수록 더욱 번성하여 퍼져 나가니"(1:12).

"그 백성은 번성하고 매우 강해지니라"(1:20).

창세기 끝무렵에 요셉과 형제 가족들이 애굽 고센에 거주할 때 인구가 고작 70명이었다. 그런데 400여년이 흘러 이들이 출애굽할 무렵엔 무려 200만에 이르렀다. 인류 유사이래 이렇게 폭발적으로 성장 번식한 사례가 또 있으려나. 왜 이런 유난스런 일이 벌어지나. 누가 이 일을 도모하고 있나. 하나님이 그 은혜를 베푸시기(20절) 때문이다. 하나님께서 당신의 나라를 이스라엘을 통하여 기초를 놓으시기 위해 필수 요소인 인구 증가를 계획하고 실행하시고 있다. 그런데 이를 방해하고 훼방하는 세력이 있으니 바로 바로 왕권이다. 하나님나라의 상징인 이스라엘의 인구 증가 역사와 이를 거스르며 대항하는 바로 세력의 역사의 대립.

이스라엘 인구 증가에 대한 바로와 애굽 사람들의 반응은 두려움과 이에 대한 혹독한 억압이다(9~11절). 이스라엘에 대해 가혹한 노동 착취를 일삼으면 이스라엘이 자녀 생산에 에너지를 쏟을 겨를이 없을 줄 알았다. 자녀를 낳지 못하도록 그 환경을 바꾸며 방해하려 했다. 하나님나라에 반하는 자들은 천륜 거스르길 주저하지 않고, 천부인권에 반하는 악독한 짓을 서슴지 않는다. 그런다고 하나님의 역사가 어찌 주춤하고 벽에 부딪히랴! 이스라엘은 학대를 받을수록 더욱 번성하여 퍼져나갔다(12절). 이에 대한 애굽의 근심은 더하고 그들은 더 심한 노동으로 이스라엘을 괴롭히는(13~14절) 악행은 거듭 커지고, 이스라엘의 인구 번성은 흔들림없는 역사가 반복된다.

바로의 현실적 권력, 권세는 당대 최고다. 어느 누구도 그 능력을 이겨낼 수 없는 현실이다. 세상에서 가장 강하고 누구도 거역할 수 없는 권세를 지닌 바로인데, 그가 하는 명령과 행동이 전혀 통하지 않는다. 이상하다. 왜 그가 명령하고 모든 권력을 동원하여 강행하는데, 번번히 실패로 돌아가나. 매번 통하지 않을까. 세계 톱 뉴스감이다. 이유가 뭐지, 뭐가 잘못되고 있는건가, 뉴스 팩트는 있는 그대로 전해지지만, 그 내막 진실은 알지 못한다. 우린 그 비밀을 알지만 말이다. 하나님의 섭리적 아이러니(Providential Irony)! 하나님이 대적자의 훼방과 방해에 맞서 싸우기 때문이다. 바로를 비롯한 그 어떤 세상 권력자가 제 아무리 강하다 한들, 어찌 창조자만 하랴.

그런다고 세상의 악함이 순순히 포기하고 항복하는 경우는 참 드물다. 외려 더 완악해지고 흉포해지는 것 아니던가. 바로는 급기야 산파들을 동원하여 낙태를 공공연히 저지르는 지경까지 자행한다. 남자 아이를 낳을 것 같으면 다 죽이라니, 참으로 극악무도하다.

남녀를 불문하고 어린 아이에 대한 인권 인식은 19세기에 와서야 겨우 생기기 시작했다. 이전까지만 해도 아이를 사람으로 여기지 아니하고, 공공연하게 죽이는 일을 서슴지 않은게 인류 역사다. 고대 로마에서는 군대에

간 남편이 아내에게 이렇게 편지하였다. "아들을 낳으면 잘 키우고, 딸이면 광주리에 담아 강물에 버리오." 이게 대세였다. 일본에선 메이지 시대 때까지만 해도 아이를 둘 이상 낳으면 죽이기도 했단다. 어머니가 자기 아이를 낳았는데, 이미 있는 아이들을 사랑하고 더 잘 키우기 위해 갓 태어난 생명을 아무렇지도 않게 죽일 수 있었다니, 짐승들과 별반 차이없는 어린아이 생명에 대한 무지와 패역의 역사가 또한 우리 인류사다.

코람데오, 하나님을 더 두려워 하여

남자 아이가 나오면 죽이라는 바로의 명령을 감히(?) 거부하는 이들이 있다. 히브리 산파들이다. 그들은 '십브라'이고, '부아'라 이름하는 자들이다. 성경에 그 이름이 드러나는 자들은 유독 의미심장하지 않는가. 세상에선 정말 하찮은 흙수저 인생일는지 몰라도 구원받은 백성들이요, 하늘에선 귀한 금수저 인생이다.

세상 천하에서 바로의 명을 어길 수 있는 사람이 있을 수 있을까. 얼마나 두렵고 떨리는 일인가. 자기 목숨을 내놓지 않고서야 도무지 생각할 수 없는 일이다. 그런데 어떻게 그 산파들은 자기 목숨 각오하고 태어난 이 아이 절대 죽이지 못하겠다, 하는 건가. 참으로 놀라운 불복종이다. 엄청난 항명이다.

이 내용을 가지고 휴머니즘이니 생명 존중이니 하는 식으로 이해하면 곤란하다. 산파들의 윤리 도덕성을 부각하고 거기에 머물러 있는 것은 성경을 제대로 이해하지 못하기 때문이다. 자기 민족에 대한 애정이 각별하다고 평가해서는 곤란하다.

성경 인물들의 사고와 행동에 대해 인류가 지닌 일반적 보편적 단순한 잣대로 이해하고 평가하는 까닭에, 하나님나라에 대한 우리의 이해는 아직 미숙 투성이다. 교회를 이루고 운영하는 면면이나, 세상 현안에 대한 기독교계의 인식과 대응이 외려 성경의 가치에 반하고 엉터리이며 손가락질 받는 일들이 많다. 하나님의 뜻을 헤아리기 보다, 사람과 세상 육신을 자주 앞세우기 좋아하는 교만이 커서 그렇다.

산파들이 왜 그런 일을 하는가. 성경은 무슨 이유라 하는가. 그 진실한 내막은 그들이 하나님을 두려워 한 까닭(17절)이라 한다. 바로 왕보다 하나님을 더 경외한 산파들. 바로와 군병들의 서슬퍼런 창칼이 눈 앞에 무시무시하게 곁을 감시하고 있었을텐데, 그럼에도 산파들에겐 어떻게 하나님이 더 크게 보였을까? 코람데오! 그들을 격려하고 위로하며 용기를 주시는 하나님의 은혜가 각별하였을 터이다.

"하나님이 그 산파들에게 은혜를 베푸시니 그 백성은 번성하고 매우 강해지니라. 그 산파들은 하나님을 경외하였으므로 하나님이 그들의 집안을 흥왕하게 하신지라"(1:20~21).

당신의 나라를 이루기 위해 부단한 인구 증가 정책을 펼치시는 하나님,

그것을 방해하는 어떤 세력도 당신의 기쁘신 뜻을 따라 게의치 않으시고 오히려 무지르시며 꿋꿋이 당신의 행로를 펼치신다. 그 과정 모두에 당신은 필요한 대로 당신의 사람들을 불러 일으키시고 그들로 그 미션을 수행케 한다.

하찮은 인생, 물렁한 사람들일지라도 당신의 손에 붙잡아 지혜 주시고 용기 주시며 때론 능력도 허락하셔서 기꺼이 그 일들을 감당케 하신다. 하나님을 더 두려워하고 더 경외하는 일군들로 삼아 하나님 편에 서서 하나님나라 일을 만들어 가게 하신다. 우린 바로의 백성이 아니라 하나님의 백성이기에, 그는 우리의 진실한 나의 왕이니까.

대적자 바로와 발람

하나님나라를 거스르며 대적하는 자들은 언제나 늘 있다. 이스라엘 민족을 이루고 나라를 일궈가는 초기 출애굽 시대엔 애굽의 바로가 있고, 또 광야 시대엔 모압의 발락도 그렇다. 바로 왕이 대적한 이유가 이스라엘 자손의 번성과 강해짐에 있었듯이, 발락 왕의 저항도 같은 이유가 계기다.

"그들이 지면에 덮여서 우리 맞은 편에 거주하였고, 우리보다 강하다"(민 22:5~6).

바로는 이스라엘이 자기를 떠나지 못하게 하려 했고(출 1:10), 발락은 반대로 자기들 땅에서 몰아내려 했던 게(민 22:6) 차이다.

바로는 이스라엘 자손 증가를 막기 위해, 1) 공사장의 감독들을 통해 이스라엘 백성들에게 가혹한 노동을 강요했고(출 1:11~14), 2) 히브리 산파를 세워 사내 아이를 죽이라 명했으며(출 1:15~16), 3) 남자 아들이 태어나면 나일강에 버려 죽이라(출 1:22) 하였다. 이 모든 일에 대해 하나님은 조금도 개의치 않으시고, 이스라엘에 은혜를 베푸시며 더욱 번성하고 강하게 하셨다.

발락은 이스라엘을 훼방하기 위해 예언자 발람을 초대하여 역시 세차례에 걸친 저주를 요청하지만, 이 모든 일마다 역시 하나님은 축복으로 뒤바꿔 버리신다(민 23:1~12, 13~26, 27~24:9).

하나님 은혜가 선이요, 윤리다

한국교회 안에 있는 윤리 도덕운동, 투명함과 정의 회복하기 위한 개혁운동들은 다 필요하고 중요하다. 특별히 요즘같이 교회 지도자들이 윤리 도덕적으로 실패하고 권위 추락해 있는 지경에선 더 그렇다. 그러나 더 본질적이고 중요한 것은 신앙운동이다. 그것은 성경으로 돌아가는 일이다. 정확히 덧붙이자면 성경을 정직하고 있는 그대로 읽고 이해하며 아는 대로 행하는 일이다. 얼마나 성경공부도 많이 하고 설교도 얼마나 많이 듣는가. 그럼에도 수박 겉핥기 식이고, 제 필요에 따라 걸러서 이해하고 믿으려 하는 게 오늘 기독교의 현실이다. 말씀 속에서 사람의 겉모습은 보이는데, 정작 하나님의 일하심을 애써 피하거나 놓쳐 버리고 안 보려한다. 하나님의 생각과 일하심에 내 마음을 붙이고 담아야 하는데, 내 생각과 삶에 하나님을 끌어 당기려 하는 게 오늘 한국 기독교 신자들이다. 모세가 하나님과 대면하였듯이 오늘 우리 신자들도 하나님 면전으로 나아가 그의 뜻과 그의 일하심을 보고 따라야 하지 않겠는가. 그를 통해서 만이 진실로 선한 것이 나오고 도덕과 질서, 윤리가 제대로 세워질 것이다.

보디발 아내가 유혹했을 때 요셉은 시험에 들지 아니하고 그 자리를 피해 달아났다. 단지 청년의 정욕을 이겨내는 정도가 아니라 현실 권력자의 제안을 뿌리치는 게 더 크고 위험한 일이었다. 요셉의 태도가 무엇인가. 자신이 하나님께 죄 지을 수 없다(창 39:9)는 것이다. 단지 사람의 윤리 도덕적 죄 정도가 아니라, 현실적 눈 앞에 있는 권력자의 강요와 협박이 무서워서가 아니라, 그에겐 하나님이 더 두렵고 하나님이 도덕이요 선이기 때문이었다.

당시의 요셉에게 하나님이 그와 함께 하신(창 39:2~3) 까닭에 그는 자신의 참 주인인 하나님을 더 경외할 수 있었다. 또 요셉이 자기를 팔아 넘기며 배신한 형들을 어떻게 나중에 용서할 수 있었는가. 요셉이 아니라 하나님이 그 일을 선으로 바꾸셨기(창 50:15~21) 때문이다. 하나님 은혜입은 자의 삶 아니런가.

진인사 대천명

출애굽기 1장을 통해 이스라엘 나라의 진전과 이를 거스르는 세상 나라의 도전과 저항의 정황 이후에 2장에 드디어 모세가 출생하는 기사가 나온다. 이미 장황하게 살펴 보았듯이 모세는 당대의 다른 남자 아기처럼 태어날 수도 없고, 태어나도 나일강에 던져져 죽어야 하는 시대였다. 산파들을 동원해 태아를 아예 죽이려 했지만, 실패로 돌아가자 바로는 급기야 모든 영아들을 나일강에 버려 죽이라 한다. 영아기의 모세도 이때의 일이다.

어쩔 수 없이 모세도 결국엔 나일강에 버려졌지만, 이내 바로 공주에 의해 발견되고 구출된다. 바로는 아기를 죽이라 했는데, 그 바로의 딸에 의해 죽음을 면했으니, 참 아이러니다. 또 그 부모가 모세를 그냥 강에 버린 게 아니라 갈대 상자에 싸서 강에 둔 것(2:3)도 의미심장하다. 비록 외견상 바로의 명에 굴복할 수밖에 없어 아이를 나일강에 두긴 하나, 바로의 공주가 다닐 만한 곳에 일말의 간절한 기대감으로 두었을 것이다. 모세를 건져내 주고 양어머니가 된 바로의 공주 '핫셉수트'는 남편과의 사이에서 친자를 낳지 못하였으니, 강보에 싸인 남자 아이에 대한 유별난 마음이 컸으리라. 아기 모세는 또한 잘 생겼지(2:2) 않나!

진인사대천명(盡人事待天命)! 모세 친부모의 진심은 하늘의 은혜를 덧입었다. 대홍수 속에서도 방주 안에 들어가 있던 노아의 가족은 구조되었듯이, 나일강 위에서도 상자 안에 들어가 있던 모세는 건짐받았으니.

모세의 부모는 레위지파 사람이었다(2:1). 아버지 아므람은 레위의 손자였으며, 어머니 요게벳은 레위의 딸이었다(출 6:16~20). 왜 레위지파 임을 굳이 거론할까. 레위지파는 이스라엘 가운데서도 특별히 하나님을 위해 더 충성하고 수종드는 가문이다. 당대의 부모들이 사내 아이를 바로 명령따라 어찌하지 못하고 다 곧장 나일강에 버려 죽였음에도, 모세의 부모는 왕의 명령을 어기며 아들을 석달이나 숨겼다(2:2)는 것이 유다르다. 바로 보다 하나님이 그들에겐 더 우선이다.

> "믿음으로 모세가 났을 때에 그 부모가 아름다운 아이임을 보고 석달동
> 안 숨겨 왕의 명령을 무서워 하지 아니하였으며"(히 11:23).

모세는 이처럼 당시 법과 상황에 따르면 결코 태어날 수도 살아나갈 수도 없는 존재였다. 그런데 태어났고, 죽지 않았으며, 자라났다. 어마무시한 바로의 편이 아니라 하나님 편에 선 사람들인 산파와 그 부모의 믿음과 용기의 결과다. 죽음을 무릅쓰고 위험과 가공할 협박을 감수해 가며 하나님 편에 선 사람들로 인생을 살게된 모세. 그런 모세이기에 자신이 앞으로 살아가야할 삶의 성격 또한 남다르다. 자신도 그렇게 세상 그 어떤 것이 아니라 하나님 편에 서서 생사를 누려야 하지 않겠는가.

마찬가지로 자신이 죽음에 처했을때 누군가에 의해 건져 냄을 받아 살게 되었으니, 모세라는 그 이름에 걸맞게 건짐받은(2:10) 인생으로 살아야 할 것이다. 애굽에서의 이름 '모우세스'. '모(Mo)'는 '물'을, '우세스(Uses)'는 '건짐을 받음'을 뜻한다. 바로의 딸에 의해 나일강에서 건짐 받았으니 이를 기

념하여 애굽식 이름으로 '모우세스(Mouses)'라 하였다. 후에 히브리 민족 가운데서 지낼 때는 히브리 식 이름 '모세'로 바뀠는데, 이는 '건져내는 자'란 뜻이다. 모우세스에서 모세로 바뀌는 현장에는 하나님의 깊은 섭리가 담겨 있다. 건짐받은 자에서 이젠 건져내는 자로 그의 일생이 변화되어 가는 것이다.

하나님 편에 서서

모세의 삶의 자아는 이처럼 죽어가는 여타 인생들을 이젠 자신이 건져내어 주고 남을 구원하는 것이었다. 이것은 그가 처음 세상에 태어난 출생의 자리, 그리고 어린 영아기 때부터 형성된 것이었다. 산파들이 그랬고, 부모가 그랬듯이 하나님 편에 선 인생으로 모세도 살아야 한다. 세상과 마주하여 남을 구원하고 살리는 일에 자신의 목숨을 불사해야 하는, 자기 삶의 정체성, 삶의 필연적 과제가 모세에겐 태어나는 삶의 자리에서부터 싹이 텄다.

하나님과 바로 사이에서 누구 편에 서야 할 것인가. 사실 이게 출애굽기의 강력한 주제다. 이스라엘이 애굽을 탈출하는 과정에서의 열재앙 사건이나 홍해 기적, 그리고 광야에서의 숱한 이적이나 기사의 웅대함과 비쥬얼은 차후의 문제다. 성경 출애굽기는 누구 편에 설 것인가의 싸움이 본질이다. 다른 말로 하나님께 대한 순종의 문제를 기록하고 있는 거다. 하나님 편에 서서 하나님께 순종하는 삶이 출애굽기를 관통하는 중심 주제이다. 출애굽기 대미를 장식하는 마지막 말미에 거듭 반복하는 메시지가 여실히 반증한다.

"모세가 그같이 행하되 곧 여호와께서 자기에게 명령하신 대로 다 행하였더라"(출 40:16).

"여호와께서 모세에게 명하신 대로 되니라(19, 21, 23, 25, 27, 29, 32)."

출애굽기 서두는 하나님 역사를 진행하는 증거와 하나님 편에 선 사람의 이야기가 나오고 그걸 토양으로 태어난 한 사람 모세는 그가 어떤 출생 내력아래 태어났는 지를 밝히고 있다. 그가 살아가야 할 삶의 정체성과 그가 부단히 싸워야 할 삶의 핵심 주제를 암시함으로 시작하였다면, 출애굽기 말미에 이르러서는 그 사람이 마침내 그 주제에 대하여 어떻게 실행하였는 지에 대한 결과 보고이니, 그는 참으로 기대에 걸맞게 살고 있는 것을 하나님이 인정하는 것으로 끝맺고 있다.

우리는 누구인가. 우리는 이 땅에 태어나서 숨쉬고 살 수 있는 자인가. 애시당초 우리도 다 죽었던 자 아니었나. 십자가 사건으로 우리 살고 숨쉬고 있으니 그렇다면, 우린 이제 어떻게 살아야 하는가. 무엇으로 지내야 하는가. 전적 은혜로 구원받은 인생이니 또한 역으로 이젠 구원하는 인생이 되어야 하지 않겠나.

하나님이 주도하시고 진행하는 구속의 역사. 긍휼과 은혜로 이끄는 그의 역사에 우리도 세상에 서 있지 않고, 하나님 편에 선 자로 서야 한다. 믿음으로 세상을 오히려 거역하며 하나님께 삶을 걸고 인생을 던지는 자로 살아야 하리라. 그것이 은혜요 복이다.

3

소명의
현장에서

출 3:1~10

모세, 그 이름에 대한 삶의 자아. 인생의 목적과 방향이 어릴 때부터 남달리 주어졌다. 그의 누나 미리암과, 유모이자 친모인 요게벳으로부터 수도 없이 듣고 들었을 터이다. 네가 어떻게 해서 이 세상에 태어난 줄 아느냐, 네 이름 모세가 무슨 역사적 의미가 있는 지 아느냐, 네 주변의 히브리 사람들 가운데 너와 동갑내기 또래 아이들이 왜 없는 지 아냐, 그들이 다 태어나면서부터 죽어야 했고 너도 죽었어야 하는 세상이었는데, 너만 유독 살아남았고 살아가고 있는 이유를 아느냐, 등등.

애굽의 왕자이지만, 히브리 사람이며, 히브리 민족을 살려야 하는 책임과 부채가 있다. 자기 존재에 대한 인식이 강하고 컸으리라. 얼마나 부담이 컸으며 자아가 강했는지 급기야 사람까지 죽이고 말았다. 자기 백성 히브리 사람이 괴롭힘을 당하자, 자기 존재의 의식과 민족적 울분을 누르지 못하고 그만 그 애굽 사람을 쳐 죽인 것이나(2:11~12). 히브리 사람 살려내는 게 내 인생 아닌가. 내 삶의 부채요 책무 아닌가.

그런데 이 일이 잘못 꼬여서 사람들에게 탄로가 나고 급기야 바로까지 모세를 죽이겠다고 하니 그는 미디안으로 망명을 가야했다(2:13~15). 미디안에서 그는 결혼도 하고 가정도 이뤘으며 그 처가에서 데릴사위가 되어 양치기 목자의 삶을 산다. 그는 거기서 무슨 생각을 하며 지냈을까?

어릴 때부터 갖고 있던 민족애에 대한 강한 자의식, 히브리에 대한 하나님의 구원 역사에 언제쯤이나 자신을 부르고 찾으실려나, 기다리고 기다리며 하루 하루 보냈을 것이다. 하나님에 대한 믿음과 민족에 대한 구원의 의지를 불태우고 키우며 호기있게 하나님을 찾았을 것이다. 주님, 내가 여기 있습니다. 나를 보내 주소서!

나를 부정할 때까지

내 조상 아브라함의 하나님, 이삭의 하나님, 야곱의 하나님, 언제 이 민족을 저 애굽의 강포로부터 구하시렵니까. 내가 하겠습니다. 내 또래 내 동기 남자 아이들은 다 죽임 당하고 그 슬픔의 가정들로 이뤄진 내 민족, 나만 살아 남고 나만 구원받았는데, 이제 내가 여전히 죽음과 저주아래 놓인 이 민족을 구해내야 도리이지 않겠습니까. 나를 살리신 하나님, 분명한 뜻과 의지가 있으실텐데, 이제 내가 여기 있습니다. 젊은 날에 나를 부르소서, 내가 할 수 있을만한 이 때에 나를 보내소서.

모세의 열정과 바람, 불타는 의기는 그렇게, 1년, 2년이 가고, 10년, 20년을 넘어 어느덧 40년의 세월이 흘러 버렸다. 40세 젊은 혈기는 퇴색해 버렸고, 지난 날의 꿈이 무엇이었는 지 기억이 가물하다. 불러주는 이 없는 많은 시간 탓에 이젠 자신의 이름도 까먹을 지경이다. 민족에 대한 자의식, 거룩한 분노, 믿음에 대한 열정은 어느틈엔가 시나브로 희미해 지고, 그 자리에 의혹과 불신, 체념과 허탈이 채워지는 80세 노년의 모세가 되었다.

> "모세가 그의 장인 미디안 제사장 이드로의 양 떼를 치더니 그 떼를 광야 서쪽으로 인도하여 하나님의 산 호렙에 이르매 여호와의 사자가 떨기나무 가운데로부터 나오는 불꽃 안에서 그에게 나타나시니라. 그가 보니 떨기나무에 불이 붙었으나 그 떨기나무가 사라지지 아니하는 지라. 이에 모세가 이르되 내가 돌이켜 가서 이 큰 광경을 보리라. 떨기나무가 어찌하여 타지 아니하는고 하니 그 때에 여호와께서 그가 보려고 돌이켜 오는 것을 보신지라. 하나님이 떨기나무 가운데서 그를 불러 이르시되 모세야 모세야 하시매, 그가 이르되 내가 여기 있나이다"(1~4).

하나님은 참 기이하다. 사람이 두 손 두 발 다 들고 뒤로 물러날 때, 비로소 찾아 오시고 부르시니 말이다. 하나님께서 모세 찾아와 그를 불러 세우시고 이제 그에게 무엇을 해야 하는 지 분부를 내리시는 역사상 첫 공식적인 대면이다. 여기서 중요한 것은 하나님이다. 모세를 찾아온 하나님은 어떤 분이신가. 그 하나님은 모세에게 무엇을 말씀하는가. 가시떨기 나무가 어떻고, 불꽃이 어떻고 하는 따위는 곁가지이며 그다지 중요하지 않다.

하나님은 '거룩'을 요구

성경, 하나님 말씀을 대하고 읽을 때 항상 중요한 본질을 놓치지 말아야한다. 하나님을 어떻게 드러내고 있는가, 하나님은 무엇을 하고 있나. 성경읽는 초점의 핵심이다. 교회 목회자 설교자의 책임이 크다. 성경의 하나님에 대해서 말하고 가르치며 설교해야 하는데, 자꾸 사람을 보고 신앙을 빌어 영웅적 행태를 내세우고 감상에 젖는 것으로 그친다. 신자로서의 삶이여전히 미숙하고, 왜곡된 제자도의 행태로 곧잘 드러나는 한국교회의 뿌리는 잘못된 성경읽기와 무관하지 않다.

하나님 보다는 자꾸 모세나 아브라함이나 다윗을 더 눈에 선하고 잘 보는까닭이다. 그들의 인간적 면모나 신앙적 행태를 내세우고 우리도 그렇게믿고 살아야 한다고 강조한다. 틀린 것은 아니지만, 그렇다고 제대로 한 것도 아니다.

성경이 그걸 강조하지 않기 때문이다. 하나님이 우리 인생에게 우리 자녀들에게 그렇게 요구하지 않기 때문이다. 무엇인가 내 세우고 훌륭한 결과를 내밀며, 무엇인가 쓸모있고 훌륭하다고 우린 자꾸 평가받고 싶고 칭찬받고 싶어한다. 남과 다름을 증명해 보이고 그것으로 나 자신의 가치를 비교하여 내세우고 싶은 교만과 독선이 늘 있다. 정당한 신앙을 오히려 방해한다. 외려 대단한 불신앙, 비신앙이다.

한일전 축구 시합때마다 골을 넣고 기도하는 차범근, 박주영의 세레머니, 사법고시 합격했다고, 서울대 합격했다고 교회 앞에 누구 장로 아들하며 걸어놓는 플랑카드, 미스코리아 당선된 것을 기뻐하며 울먹이며 하나님께 영광 운운하는 감동적인 코멘트 등등은 일견 돋보이고 신앙적 감동을 자아낼지언정, 그것이 우리 믿음의 내용을 채우진 못한다.

한국교회 안에 있는 오해 가운데 하나는 그릇된 '고지론'이다. 기독교인들이 이른바 남보다 출세하고 성공하는 것으로 크리스챤의 우월함을 증명하려는 사고나 태도는 성경의 가르침이 아니다. 세상에서 칭찬 받는 것으로 자신의 신앙을 고백하고 기독교를 전하는 것이 복음전파에 효과적이라보는 것은 좀 엉터리다. 아니, 오히려 그건 복음이 아닐 수도 있다. 많은 사람들의 경우는 그렇지 못하기 때문이라서, '복음'은 커녕 '저주'로 받아들일수 있기 때문이다. 잘되고 성취하고 잘난 사람일수록, 소위 '갑'의 위치에 있을수록 기독교 신앙을 전하거나 표현할 때, 공격적이거나 으스대는 것이 아니라, 오히려 더 겸손과 지혜를 요구한다. 하나님은 우리로 하여 거룩한 존재가 될 것을 요구하지, 세상 사람들로부터 박수받고 칭찬받는 치적도, 영웅적 행태도 기대하지 않으시기 때문이다. 그것도 거룩을 채우는 한 요소라 할지 모르나, 진정한 목적과 목표로 가는 데에는 외려 방해가 되고 장애물만 더할 뿐이다.

그럼에도 우린 거기서부터 늘 자유롭지 못하다. 외형적 치적과 업적, 사람 눈에 보이는 결과물들을 목표로 하여 그것으로 하나님 영광을 외치고 신앙의 내용으로 삼는다. 빚을 내서라도 예배당 크고 화려하게 짓고, 학자의 길과 먼 목회자이면서 박사 학위에 연연해 하며, 사업 잘하고 성공하는 자들로 교회의 리더를 채우려 하고, 일 잘하고 많이 하는 것들로 교회의 내용을 채우고 자랑을 삼으니, 오늘 우리 교회가 뒤뚱거리는 것이다.

하나님은 누구신가

드디어 찾아 주셨다. 그 하나님께서. 인생 80에 찾아와 주신 하나님, 당신이 누구이신 지 먼저 확인해 주셔야 하지 않겠나! 내가 하나님이다! 내가 누구인지 먼저 말하겠노라, 해야 한다. 불타는 가시떨기 가운데 나타나신 하나님, 가시 불이 소멸되지 않고 거기서 하나님이 나타나신다. 매우 시각적이다. 상당히 획기적이다. 불타는 가시떨기에 우리는 시선을 빼앗긴다. 이보다 더한 CNN 특종이 있을까! 온 세상 시청자들을 단박에 사로잡을 대단한 빅 뉴스다. 그러나 우린 가시떨기 말고, 하나님을 보아야 한다. 하나님이 중요하기 때문이다. 가시떨기는 소품에 불과하다. 시청자의 화면엔 가시떨기는 잠깐이요, 하나님이 계속 보여야 한다. 이 상황에서 나타난 그 분은 자신을 뭐라 소개는 걸까. 자신을 알리기 전에 자신을 만나는 자의 행실, 태도에 먼저 주의를 준다.

"이리로 가까이 오지 말라. 네가 선 곳은 거룩한 땅이니 네 발에서 신을
벗으라"(5).

하나님 만나는 자가 취할 태도에 대해 아주 완급한 표현으로 오리엔테이

선을 한다. 왜 신발을 벗는가. 땅이 거룩하다고? 한낱 땅이 거룩하고 속된 게 어딨나. 주기도문을 하면서 '이름이 거룩히 여김을 받으시오며'한다. '이름' 그 자체에 무슨 거룩함이 있거나 속됨이 있나. 세상 사람들은 이름이 복되기도 하고 저주받은 것도 있다고 생각한다. 비싼 돈 들여가면서 작명해대고 굿을 벌리기도 하니 말이다. 여호와 이름이 거룩하다는 말은 '여호와'란 이름 글자 자체를 말하지 않고, '하나님 존재'를 가리켜, 하나님이 거룩하시다는 말이리라. 하나님께서 거룩히 여김을 받기 원합니다,하는 의미다. 여기 호렙산 떨기나무가 있는 곳도 그 현장이 거룩한 게 아니라, 거기 임하시는 분이 거룩하시기에 모세로 하여 신발을 벗으라 한다. 여호수아에게 나타나실 때도 동일한 태도를 요구하신(수 5:15) 일이다.

40년 만에 어쩌면, 인생 80년에 처음 대면하는 하나님. 모세가 처음 확인하는 하나님은 누구신가? 그는 '거룩하신 분'이란 말이다. 그러니 함부로 그에게 가까이 가서는 안되는 일이다. 거룩한 존재 앞에서 어찌 감히 아무렇게나 서 있을 수 있나. 그러니 신발을 벗으란 얘기이고, 이것은 태도와 예를 갖추라는 상징이다. 하나님이 어떻게 모세와 다른가, 어떻게 우리 인생과 다른 분이신가? 그는 거룩하신 분이요, 우리와 다른 존재이시다. 그 분을 이제 만났으니, 우리 인생도 달라야 하고 그의 거룩을 따라 살아야 하는 존재가 되어야 한다. 거룩하신 분을 이제 내가 만났듯이 이 세상 앞에 드러내는 거룩한 인생으로 살아야 한다는 것이다. 바로 거룩한 부르심에 대한 소명이다.

모세가 40년 이스라엘을 광야에서 이끌며 지도하며 하나님 뜻따라 참 수고하고 애썼다. 그런데 마지막엔 가나안에 들어가지 못했다. 기껏 잘했는데, 뭐가 문제였을까? 하나님 거룩함을 드러낼 자로 부름받고 책임맡았는데, 순간적이나마 그의 거룩함을 훼손하는 실수를 저지른 탓이다. 하나님 거룩하심을 드러내는 것을 기준으로 살아야 함은 이처럼 하나님 첫 대면하는 호렙산에서 각인된 일이었다. 우리가 본 이 본문에서 살필 수 있는 하나님은 어떤 분인가. 그는 거룩하신 분이라는 거다.

그 하나님은 모세에겐 자기 조상의 하나님이다. 아브라함의 하나님, 이삭의 하나님, 야곱의 하나님, 곧 언약의 하나님이다. 하나님의 신분을 알게 된 모세로선 차마 그 얼굴을 들고 뵐 수 없다. 두렵기 때문이다. 하여, 얼굴을 가릴 수 밖에 없다(6절). 그의 거룩하심 앞에 인간은 생래적으로 자기를 가린다. 빛 앞에서 당당히 설 죄인들이 어디 있으랴. 엘리야는 겉옷으로 자기 얼굴을 가렸고(왕상 19:13), 하늘의 천사, 스랍들도 하나님 앞에서는 자기 얼굴을 가려야(사 6:2) 했다.

보고 듣고 알고 계신다

하나님은 또한 어떤 분인가? 그는 보고 듣고 알고 있는 분이다. 히브리 백성들의 고통에 대해서 말이다.

"내가 애굽에 있는 내 백성의 고통을 분명히 보고, 그들이 그들의 감독자로 말미암아 부르짖음을 듣고, 그 근심을 알고"(7).

모세는 대단히 놀랐을 것이다. 놀랍다 못해 상당히 충격받았지 않았을까! 세상에 이제 그 하나님은 안 계신 줄 알았다. 무려 400년이 더 흘러갔지 않나. 고센 땅에 내려온 우리 민족이 그동안 어떻게 지냈는가. 외국인 노동자라고, 그간 애굽 본토 백성들에게 당한 수모와 고통이 무릇 기하이던고. 압제와 가혹한 노동 착취에 시달리는 동안 약속의 하나님, 아브라함과 이삭과 야곱의 하나님(6절)은 도대체 아무 대응도 없고 말씀도 없고 그러셨지 않나. 언약이라고! 약속 같은 소리하네, 지금 우리 이 지경 이 꼬라지를 보라고! 그게 물경 400년 넘었으니, 이스라엘이 무슨 기대, 희망이 남아 있었으랴.

사사 시대를 생각해 보라. 그 시대 풍조가 무엇이던가. 제 살길은 각자 자기 스스로 알아서 생각하고 처신해야 한다는 거다. 그 시대 통용되고 타당한 보편적 원칙도 질서도 없었던 시대다. 제 소견에 옳은 대로 행하던(삿 21:25) 시대. 자기 살 길은 자기 알아서 챙기고 살아야 하는게 당대의 시대 정신이었다. 350~400년 상당한 세월이 지나도록 하나님은 좀체 나타내 보이시지 않고, 정말 그가 계신 걸까? 사람들의 기억 속에서 사라져 버렸다. 그는 아무 생각도 안하시고 아무 일도 안하시는구나,라고 여겨 버렸나.

그러나 사람들이 잊어 버리고 사람들이 무시했을 뿐, 하나님은 그 긴 시간 속에서도 여전히 일하시고 계셨다. 사사 시대 이야기인 룻기서 맨 마지막에 뜬금없어 보이게 굳이 나열하는 족보(룻 4:18~22)가 그 증거다.

하나님은 무슨 하나님, 왕은 무슨 놈의 왕, 남 눈치 보지 말고, 각자 알아서 살아가야 한다고, 도덕이니 질서니 공의니 정의니 웃기지 말고 그냥 제 알아서 살아야 한다고 하는 그 와중에도 하나님은 침묵하거나 손 놓으신 게 아니라, 당신의 역사를 이뤄가고 성취하려 여전히 진행하시고 있다는 의도다. 하나님 세우시고자 하는 하나님의 왕국이 진행되고 있다는 싸인으로 다윗의 족보를 받쳐 놓는다. 그 시대 사람들로서는 상상도 못할 일이다.

그처럼 지금 여기 모세를 찾아오신 하나님도 강조하신다. 내가 '보고', '듣고', '알고' 있다. 너무 놀란 이야기이기에 재차 팩트 확인이라도 해야할 듯하다. 사사 시대 백성들아, 애굽에서의 신음하는 히브리 인들아, 하나님은 너희가 어떤 처지에 있는 지 다 보고 계시고, 너희의 비명소리 듣고 들었으며, 바로의 학정과 불의에 대해 다 알고 계신다! 우리도 살아가면서 얼마나 자주 하나님 없는 인생처럼 지내는가. 하나님이 정말 내 발길을 인도하시는가, 내 기도를 듣기는 하시는 건가. 나는 정말 사랑받기 위해 태어난 사람인가,...

그 하나님, 우리 하나님은 보고 듣고 알고 계신다. 그리고 우리에 대한 그의 계획이 있고 행동을 강행하신다. 하나님은 히브리 백성들을 애굽인의 손에서 빼내어 젖과 꿀이 흐르는 가나안에 데려 가시려(8절) 한다.

그런데 여기서부터 정말 참 이상하다. 하나님 계획을 갖고 계시고, 그 일을 당신이 하시겠다고 하시면서, 그러니 그 일을 모세, 네가 해라,하신다. 아니, 당신이 의지를 갖고 하실 일이라면서, 그러면 당신이 하시면 되지, 왜 굳이 나더러 그걸 하라고 하시나. 왜 그 책임을 나에게 지어주시는가! 논리적으로 이치적으로 안 어울리는 처신이요 방책이다. 왜 하나님은 이렇게 뜬금없어 보이게 모세에게 전가(?) 하시는가?

사람이 응답이다

하나님이 백성들의 현실을 보고 듣고 알고 계신다고 하셨다. 그렇다면 무엇으로 그것을 증명하실 수 있을까? 하나님 살아 계시고 은혜 베푸시는 그 내용들을 어떻게 우리가 확인할 수 있으며 만지고 볼 수 있을까. 영이신 하나님의 존재를 어리석은 인생들로 어떻게 물리적 구상적 현상으로 만지고 볼 수 있으려나. 그 대리적 방증이 모세다. 하나님 존재의 응답으로 주어진 사람, 모세, 그 사람이 바로 하나님의 응답이다.

하나님께 소명받는 호렙산의 떨기나무 현장. 그 부르심의 자리에서 만나는 모세는 이스라엘 백성 앞에서 하나님의 응답이 되는 사람이다. 혈기방장하던 젊은날, 무언가 할 수 있고, 누구에겐가 쓸모있는 인생이라 자처하던 시절엔 기다리시다가, 이제 모든 걸 내려놓고 어쩌면 체념과 절망으로 세월 보내는 노년의 모세에게 비로소 소명과 사명을 부여하고 이에 순종과 충성으로 응답하게 한다. 강하고 지혜롭고 지닌 게 많은 금수저가 아니라, 약하고 무지하고 없는 것 투성인 흙수저를 들어서 하늘의 큰 사명 부여하고 견책하시는 하나님. 은혜 중의 은혜다.

"형제들아, 너희를 부르심을 보라. 육체를 따라 지혜있는 자가 많지 아니하며 능한 자가 많지 아니하며 문벌 좋은 자가 많지 아니하도다. 그러나 하나님께서 세상의 미련한 것들을 택하사 지혜있는 자들을 부끄럽게 하려 하시고 세상의 약한 것들을 택하사 강한 것들을 부끄럽게 하려 하시며 하나님께서 세상의 천한 것들과 멸시받는 것들과 없는 것들을 택하사 있는 것들을 폐하려 하시나니 이는 아무 육체도 하나님 앞에서 자랑하지 못하게 하려 하심이라"(고전 1:26~29).

'응답하라 1988'. 얼마전 TV 드라마로 장안의 화제였다. 너무나 빠르게 변화해 오느라 불과 20년, 30년의 추억을 돌아보는 것만으로도 대단한 이야기거리가 되었다. 과거의 젊은 날을 돌아보는 것만으로도 모두에게 아름다운 추억이 되고, 돌아가고픈 행복감에 잠시 현실의 어려움을 잊게하는 힐링이 되기도 했다.

예수 믿고 따르는 현대 신자에게 다른 의미의 외침이 주어지지 않을까? 타성에 젖어버린 신자들이 많은 시대다. 그저 일요일 아침 예배 드리고 헌금하는 것으로 기독교인의 의무를 다했다고 여기고, 일상 생활에선 전혀 신자로서의 모습을 보이지 못하는 현대 그리스도인들, 가나안 성도들.

오늘날 신자의 정체성을 잃고 있는 하나님의 백성들에게 참된 예수 제자의 신분을 회복하고 세상을 향한 하나님나라 사명에 다시 붙잡힌 사명자로 다시 그의 부르심과 도전앞에 서야 하리라. "응답하라, 예수 제자들이여!"

4

열 재앙의
현장에서

출 4:21~23

모세가 애굽에 대해 벌인 열가지 재앙 사건에서 우리는 그 종류나 순서, 혹은 각각의 의미보다 훨씬 더 중요한 문제를 엿볼 수 있어야 한다. 재앙이 벌어질 때마다 일어나는 엄청난 영향력 때문에 우리는 곧잘 본질을 놓치곤 한다. 모세의 영웅스러운 면이나, 재앙으로 인한 애굽의 막대한 피해 결과에 우린 마음을 더 빼앗긴다. 그래서 성경이 이를 통해 말하고자 하는 의미를 간과한다.

우선 모세는 이 재앙 사건을 기계적으로 벌이지 않았다. 보라는 듯이 하나씩 차례대로 꺼내 놓으며 기적을 쏟아내는 게 아니다. 열 재앙은 모세가 벌이는 기적의 힘이 단연코 아니다. 모세는 지금 믿음으로 바로에 맞서고 있다. 동시에 모세는 믿음으로 이스라엘 백성의 원망을 걸머지면서까지 기어코 이 재앙의 과정을 벌인다. 모세는 이 재앙을 하나님 말씀을 따라 일으키고 있다.

"그들이 내 말을 들으리니 너는 그들의 장로들과 함께 애굽 왕에게 이르기를 히브리 사람의 하나님 여호와께서 우리에게 임하셨은즉, 우리가 우리 하나님 여호와께 제사를 드리려 하오니 사흘길쯤 광야로 가도록 허락하소서 하라. 내가 아노니 강한 손으로 치기 전에는 애굽 왕이 너희가 가도록 허락하지 아니하다가 내가 내 손을 들어 애굽 중에 여러 가지 이적으로 그 나라를 친 후에야 그가 너희를 보내리라"(출 3:18~20).

이 기적과 이적은 실상 모세가 한 게 아니다. 실제는 하나님이 벌이시는 일이다. 모세는 다만 하나님의 말씀을 따라 그에 응하였을 뿐이다. 하나님이 일하시고 모세는 그 뜻을 따라 응답하여 펼쳐진 일, 열 재앙 사건이다.

재앙 사건으로 모세는 성공하고 있나

모세는 말씀에 따라 하나님의 이적 재앙을 일으키는데 당혹스럽게도 그 이후의 결과는 매번 실패다. 바로 왕이 꿈쩍도 않는다. 바로 왕 앞에 나아가는 게 얼마나 두렵고 어려운가. 하나님을 등에 업고 약속에 입각하여 믿음으로 한다지만, 늘 움칫 망설이는 게 사람의 성정이다. 참으로 주저되는 일이다. 뜬금없이 웬 듣보잡이 나타나 자기 백성들을 내보내 달라, 그렇지 않으면 재앙이 내릴 것이라,고 협박 같기도 하고 부탁같기도 하는 모습에 대해 바로가 어떤 반응을 보였을까. 상식적으로 이런 코메디가 따로 없다.

80먹은 웬 듣도 보도 못한 잡놈 노친네가 어찌 감히 궁정에서 왕을 대면한단 말인가. 그것도 큰소리 뺑뺑 치기는. 공소시효가 지났는 지 모르지만,

모세는 살인범으로, 정치 망명객으로 애굽 법정에 서야할 판인데 말이다. 그런 모세의 언행에 바로가 코웃음치고 무시하는 건 어쩌면 당연하지 않나. 천하의 바로 앞에서 감히!

듣지 않는 바로와 애굽에 대해 가공할 재앙의 징벌을 가하는 데도 전혀 개의치 않고 냉소와 야유만 돌아올 뿐이다. 성공해야 하는데, 실패다. 그것도 매번 계속해서 연전연패, 무슨 줄줄이 사탕도 아니고. 나라와 백성들이 당하는 처참한 형국을 보면, 이제 바로가 손발 들어야 마땅하다. 그러나 어디, 더 해보라, 여전히 기고만장이다.

이런 바로 앞에 나아가고 또 나아가야 하며, 그에게 권하고, 강요하고, 협박하는 일이란 더더욱 못할 짓이다. 모세에게 그런 용기와 배짱, 평소에 길러진 내공이 있을리 만무한데, 4전5기도 있고, 7전8기도 있다지만, 9전10기를 또 감행하고 노린다는 건 전무후무한 일이다. 열 번 찍어 안 넘어간 나무는 없다지만, 그건 한낱 나무 아닌가. 상대는 천하 제국의 대왕이며, 강퍅함 또한 세계 챔피온이다. 어디 앞에 떡 버티고 있는 바로 뿐인가. 뒤에는 이스라엘 백성들이 괴롭힌다.

"그들이 바로를 떠나 나올 때에 모세와 아론이 길에 서 있는 것을 보고 그들에게 이르되, 너희가 우리를 바로의 눈과 그의 신하의 눈에 미운 것이 되게 하고, 그들의 손에 칼을 주어 우리를 죽이게 하는도다. 여호와는 너희를 살피시고 판단하시기를 원하노라"(출 5:20~21).

저들을 위해서 고군분투하고 있으니 편들어 주고 응원해 줘도 부족할 판에 적반하장, 등 돌리고 항변하며 배신 때리는 백성들. 바로의 항복을 받아내긴 커녕 이스라엘 백성들마저 대드는 형국이니, 모세의 심정과 상황이 어땠으랴! 더군다나 그에게 이 일을 기획하고 등 떠밀었던 하나님은 이상하리만치 잘 안 보이신다. 어디 그 분이 사사건건 다 일일이 미주알 고주알 간섭하고 해결사 노릇 하시던가. 많은 경우 당신의 자녀들에게 자유의지를 인정하고 우리 스스로의 열심과 의지를 기대며 즐겨 기뻐 기다리시는 분이니, 그때까지는 우리 몫이요 책임이다. 그래서 늘 답답하기도 애타기도 하는 거다.

"모세가 여호와께 돌아와서 아뢰되, 주여 어찌하여 이 백성이 학대를 당하게 하셨나이까. 어찌하여 나를 보내셨나이까. 내가 바로에게 들어가서 주의 이름으로 말한 후로부터 그가 이 백성을 더 학대하며 주께서도 주의 백성을 구원하지 아니하시나이다"(출 5:22~23).

진퇴유곡, 앞뒤로 곤욕과 낭패를 당하는 처지다. 일은 오히려 갈수록 더 꼬여가고 저항과 비난은 더 증폭되어 간다. 그런데 하나님은 분명한 해결책을 아직 주시지 않는다. 9번을 거듭 두드렸고 때렸는데, 결과는 모세가 실패하고 있고, 모세가 나자빠질 지경이다. 이지경에 이르면 완전 기운 다 빠지고 의욕상실에 대인공포증이 극심하지 않겠나. 심각한 공황증 앓고도 남는다.

그런데 그는 또 무슨 힘이 남았다고 다시 일어나 10번째 또 도전하는가. 아홉수를 박차고 바로 왕 앞에 나아가는 그의 에너지는 어디서 나오는 것인가. 세상에선 좀체 있을 수 없는, 상상하기 힘든 용기와 도전이다. 세상이 감당치 못하는 인생들, 하나님을 자기 삶 가운데 주인으로 여기는 자들 만의 만용이리라. 하나님의 미래 약속을 오늘 지금 여기에서 현실로 받아들이는 믿음의 사람들에게서만 나타나는 현상이다. 엘리야를 보라.

> "엘리야가 아합에게 이르되 올라가서 먹고 마시소서 큰 비 소리가 있나이다. 아합이 먹고 마시러 올라가니라. 엘리야가 갈멜산 꼭대기로 올라가서 땅에 꿇어 엎드려 그의 얼굴을 무릎 사이에 넣고 그의 사환에게 이르되, 올라가 바다쪽을 바라보라. 그가 올라가 바라보고 말하되, 아무 것도 없나이다. 이르되, 일곱 번까지 다시 가라. 일곱 번째 이르러서는 그가 말하되, 바다에서 사람의 손만한 작은 구름이 일어나나이다. 이르되, 올라가 아합에게 말하기를 비에 막히지 아니하도록 마차를 갖추고 내려가소서 하라 하니라. 조금 후에 구름과 바람이 일어나서 하늘이 캄캄해지며 큰 비가 내리는 지라. 아합이 마차를 타고 이스르엘로 가니 여호와의 능력이 엘리야에게 임하매, 그가 허리를 동이고 이스르엘로 들어가는 곳까지 아합 앞에서 달려 갔더라"(왕상 18:41~46).

3년 동안 비가 내리지 않았다. 그런 지경이라면 누가 뭐래도, 별 징조가 다 보여도 사람들은 시큰둥 할 것이다. 무슨 기대감이 남아 있으랴. 말도 하기 싫고 생각마저도 귀찮을 지경이리라. 그런데 하나님의 말씀이라면 달리 이해하고 받는 이들이 있다. 세상은 이해 못하고 세상은 절래절래 고개 흔드는 사람들, 믿음의 비밀을 품고 있는 하나님의 사람들이 그렇다. 하나님의 약속이 있었으니까 비가 올 것을 확신한다. 그래서 아합 왕에게 밑도 끝도 없는 매우 비현실적인 충고도 거침없이 건넨다.

미래에 주어진 약속인데, 그것을 오늘 지금 내 삶의 자리에서 현실로 받고 산다. 약속의 주인이신 하나님에 대한 신뢰 때문이다. 9번이나 실패한 모세, 그가 어떻게 다시 일어서서 10번째 나아가는가. 하나님의 약속 때문이다. 바로는 지금까지 나에게 실패를 안겨주고 세상은 나에게 좌절을 갖다 주지만, 이세상 창조자, 참 주인이신 그 하나님이 이번엔 성공하리라 언질하신 일이다. 이젠 성취하리라 약속하신 분이 하나님이시니, 나는 오늘 다시 일어나 그의 길을 간다. 신자의 믿음이요, 신앙의 내용이다. 세상이 미쳤다고 손가락질 하는 일이며 비웃음 사고 바보 소리 들어가면서도 세상과 다른 길을 오롯이 걸어가는 성도의 자세요 삶이다.

열 재앙은 왜 벌이나

대체 애굽에 왜 열가지 재앙이 일어 났는가. 하나님은 히브리 백성들을 자기 백성 삼아 애굽의 압제에서 구출해 내려 하신다. 구속 역사의 실행이다. 그 일을 위해 먼저 모세를 부르시고 그를 바로 왕에게 보내는 것으로 발단이 되었다. 하나님의 구속 역사 진행에 바로가 어긋장을 놓았기 때문이다. 반역과 불순종의 세상은 늘 심판의 대상이다.

하나님은 자기 백성들을 애굽에서 꺼내어 가나안 땅으로 들여 놓으시려 한다. 그곳에서 그 백성 이스라엘로 하여금 하나님을 예배하게 하고 경외하는 공동체로 지내게 하려 함이다. 나아가 열방 가운데 하나님의 거룩하심과 위대하심을 드러내며 하늘의 복을 만방에 펼치시려 한다.

출애굽은 단지 이스라엘이 노예로부터 벗어나 해방하는 정도가 아니다. 가나안에서 자유롭게 살아가는 '고생 끝, 행복 시작' 정도가 아니다. 하나님의 미션, 곧 아브라함에게 약속하시던 모든 족속의 복(창 12:1~3)을 펼쳐가는 출발 사건이 바로 출애굽이다.

바로 왕의 통치력, 권력은 얼마나 크고 무섭고 대항 불가능한 천하의 실체인가. 그 바로에 대해 하나님이 열 재앙으로 결국 바로를 무력화하는 이 사건은 단지 하나님이 바로보다 크고 세다는 걸 입증하는 정도가 아니다. 하나님보다 더 센 자가 어디 있단 말인가. 창조자를 능가하는 피조물이란 애시당초 언어도단이다. 기본적이고 보편적인 이 사실을 새삼 입증하려는 게 열재앙 사건의 의도는 아니다.

이것은 자기 백성을 구원해 내고야 마는 하나님의 열심이다. 바로는 강퍅한 자다. 자기 고집, 자기 악한 태도와 행실에 아주 집착한다. 광기 더하는 자기 집착증이다. 그런데, 그 무섭고 악독하기 그지없는 집착보다 더한 이 있다. 하나님의 집착이다. 하나님의 고집, 하나님의 일하심, 그가 창조자인데 둘째가라면 서러운 일이지! 우린 이 하나님의 집념과 의지, 그의 미션

수행을 만나야 한다. 자기 백성을 구속해 내고야 마는 하나님의 열심을 돋보이게 하는 배경색이 바로 열재앙 사건이다.

열 번째 벌어지는 재앙으로 마침내 바로도 항복한다. 비로소 이스라엘은 애굽을 빠져 나가는 탈출을 감행하는데, 미련이 남아있는 바로는 군대를 동원에 이스라엘을 뒤 는다. 결국 홍해 사건을 통해 이 모든 바로의 악한 집착은 수장되고 만다.

그런데, 왜 재앙을 한 번에 하지 않고 열 번이나 하는가. 제 아무리 세상 권력자의 고집과 집착이 커도 하나님의 의지와 일하심을 이길 수 없다. 하나님의 능력과 수단 방법이 그만큼 한계가 많고, 한 키에 할 줄 몰라서 그런 게 아니다. 오히려 하나님의 능하심과 열심에 대한 강력한 증거다. 그것은 열 번이건 백 번이건 하나님의 섭리와 일하심에 한계가 없다는 말이다. 한 방에 보낼 만한 능력이 부족해서가 아니라, 열 번이고 백 번이고 사람의 고집, 집착, 능력보다 더하고 더한 분이심을 증명하는 사건이다.

이스라엘을 구원해 내고 자기 백성 삼으시려는 하나님의 집념, 구속역사에 대한 의지와 일하심은 모세를 처음 찾아오셨던 호렙산에서 이미 밝혔던 내용이다.

> "이제 가라. 이스라엘 자손의 부르짖음이 내게 달하고 애굽 사람이 그들을 괴롭히는 학대도 내가 보았으니, 이제 내가 너를 바로에게 보내어 너에게 내 백성 이스라엘 자손을 애굽에서 인도하여 내게 하리라"(출 3:9~10).

재앙이 일어날 때마다 바로가 대응하면, 그때 그때 방어하며 대응해 내는 상황에 또 새로운 전략으로 재앙을 벌이는 게 아니다. 바로가 그렇게 악하게 나오고 9번까지도 버티니까 하다 하다 안되서 최후 수단으로 장자 죽이는 카드를 동원할 수밖에 없었던 것도 아니다. 모든 진행 과정은 다 하나님의 계획 속에 있었다. 하나님 의도대로 다 진행되었다. 이 하나님의 계획과 실천적 열심은 하나님의 언약에서 출발하여 하나님의 신실하심으로 결과된다. 그 신실하심의 본질은 사랑이다. 사랑은 얼마나 대단한 집착을 동인하는가. 열심과 지속성, 끝이 안보이는 정열이다.

바로 왕

열 재앙 현장의 또다른 주역 바로. 그는 참 악하고 어리석으며 기회를 주는 데도 잃고 만다. 하나님나라 구속의 역사에 반하며 대적하는 세상 악의 상징이다.

바로는 악하다. 단순히 이스라엘 백성에 대한 난폭한 정치, 독재 일삼는 정도가 아니다. 하나님을 대적하여 맞서고 있는 것이 그의 악의 본질이다.

바로는 어리석다. 하나님과 감히 맞서서 자신이 이길 수 있다고 생각한다. 자신이 하는 행동의 의미와 결과가 무엇인지 모른다. 그래서 더욱 방자히 행한다. 하나님 없는 인생들의 공통된 특질이다.

바로는 여러 번의 기회를 다 놓치고 잃는다. 하나님으로부터 주어지는 수

차례의 회개 기회를 거부한다. 9번, 10번 재앙이 내리도록 자신과 다른 분이 있음을 깨달아야 하는데 모르쇠다. 여호와란 신은 다르고 나로선 안되는 존재이구나,하며 굴복해야 하는데 외려 뻣뻣하게 교만떤다. 하나님께서 이 땅의 인간을 향하여 행하실 가장 무서운 심판은 회개할 기회를 빼앗아 버리시는 일이다. 사람이 이 땅에서 범하는 가장 무서운 죄라면, 그것은 하나님 주시는 기회를 팽개치는 일이다. 바로는 지금 그 죄를 저지르고 있다.

아합도 그랬다. 불이 내리기로 경쟁해서, 엘리야의 기도가 통했으면(왕상 18:20~40), 돌이켰어야 했다. 아, 저게 하나님이구나!하고 깨달아야 하는데, 그러질 못했다. 부창부수는 악한 사례도 있나, 그의 아내 이세벨도 마찬가지니, 두아디라 교회가 음행을 벌이면서도 회개하지 아니한 것에 대한 상징으로 등장하기도(계 2:20~21) 한다. 예수 제자였던 가룟 유다 역시 4차례에 걸쳐 지적받지만(요 13:10, 21, 26, 27), 그 모든 기회를 잃고 끝내 돌이키지 못했다. 그 자리에서라도 실토하고 회개했어야 하는데 그러지 못했다. 반면 예수 십자가에 함께 달린 두 행악자 중 한 사람은 그 한번의 기회가 주어졌을 때, 자백하고 회개하므로 낙원 허락받는(눅 23:39~43) 영예를 얻었지 않는가!

열 재앙 행하는 모세의 입장

열 번이나 재앙을 일으키며 최선두에서 하나님의 말씀을 들고 바로 앞에 나아가며 일하며 싸우는 모세의 심정, 입장은 어떠할까. 계속해서 싸움을 벌이고 엄청난 공격을 퍼부었는데, 그래서 바로와 애굽이 치명상을 수차례나 당했는데, 피투성이면서도 그들은 여전히 기고만장하다. 내가 이겨가고 있고, 곧 승리의 깃발이 눈 앞인데, 이상하리만치 오히려 내가 지는 것 같다. 치명타를 연속 강하게 날렸는데도, 이러다가 내가 판정패 하는게 아냐, 두려움이 감도는 지경이다.

5번째, 7번째, 9번째, 또 나아가는 모세의 심정이 어떠했으랴. 참으로 인간적으로 죽을 맛이었을 게다. 때리고 공격하는 자가 숨 넘어갈 지경이요, 목이 타들어 간다. 이번에도 또 되치기 당하는 거, 아냐. 도대체 언제 제대로 끝날 수 있으려나. 조바심 나고 두려움이 갈수록 커졌으리라. 한 3라운드면 끝나야 하는데, 대체 10라운드 인지, 15라운드 인지 경기 룰이 처음부터 정해준 것도 아니니.

이 일을 무려 열 번이나 또 일어서 도전하고 반복하여 나아가는 그의 용기, 담대함 평가받을 만하다. 어디 그에게 숫자가 중요하랴. 열 번이고 백 번이고 그 모든 경우를 다 한 사람(신 34:11~12), 모세.

엘리야를 볼까. 그는 비가 오기를 위해 시합하는 중이다. 3년 동안 오지 않던 비. 무릎을 꿇고 그 무릎 사이에 자기 얼굴을 집어 넣고 간절히 기도한다. 한 번 기도하고, 사환에게 묻는다. 무슨 비 올 조짐있냐고 묻는데 아무 조짐도 없자고 하니, 그는 또 두 번째 기도한다. 그걸 7번이나 계속해서 반복한다. 아마, 그래도 소식이 없었으면 그는 또 머리를 쳐박았을 것이다. 약속을 붙잡고 그것이 오늘 내게 이뤄질 때까지 간절하게 집요하게 반복해서 또 도전하며 구하는 신앙. 실패의 연속이면 또 다시 도전하는 믿음이 진실로 삶의 능력이다.

그런데 눈 앞에 보이는 대적자만 상대하는 것은 아니다. 정작 뒤에서 응원해 주고 함께 해줘야 할 동료들이 응원은 커녕 비난하고 배신하는 것들은 리더로서 대단한 상처요 의기 잃는 일이다. 이스라엘 백성들을 도무지 감당할 재주가 없어 차라리 죽기를 소원하는 막장에까지 치달을 때가 어찌 한두 번이랴.

> "책임이 심히 중하여 나 혼자는 이 모든 백성을 감당할 수 없나이다. 주께서 내게 이같이 행하실진대 구하옵나니 내게 은혜를 베푸사 즉시 나를 죽여 내가 고난 당함을 내가 보지 않게 하옵소서"(민 11:14~15).

얼마나 배신 행위가 심했으면 차라리 죽는게 낫다고 했을까. 이런 삶의 고난은 우리 신자들 누구나 오늘 우리가 당하는 모습이요 고난 아니겠는가? 성경의 주인공들이 벌이는 그 고난과 역경의 자리는 오늘 우리 현대 신자들의 삶이요 씨름의 현장이다. 모질고 거친 삶의 최전선에서 믿음으로 나아갔던 선자들의 싸움과 도전은 오늘 우리가 가야하는 신앙의 모본이다.

일곱 번이나 계속해서 씨름하며 도전하는 엘리야, 열 번이나 바로 앞에 나아가고 백성들을 다독이며 인내하며 그 하나님의 일을 수행하는 모세의 에너지는 어디에서 비롯한 것일까?

"믿음으로 애굽을 떠나 왕의 노함을 무서워하지 아니하고 곧 보이지 아

니하는 자를 보는 것 같이 하여 참았으며"(히 11:27).

　그에게 연원하는 믿음과 하나님에 대한 신앙이 무서움을 이기게 하고, 보

이지 않지만 용기를 잃지 않게 했다. 그 어려운 모든 경우를 잘 참고 견디어

낸 것이다. 그에게 있는 믿음은 관념적이거나 미래에 있지 않고 오늘 나의

삶의 현실에서 구체적으로 일어나는 현실이다. 하나님의 약속을 언젠가 나

중에 이뤄주시리라는 막연한 기대가 아니라, 오늘 내가 내 삶의 자리에서

이뤄가고 만들어가는 구체적인 열매요 결실로 가져야 한다. 언약에 대한

언어적 현실이 아니라 그 언약자의 존재에 대한 확신이 바르고 정당한 믿음

이다. 그 '믿음'이란 여러 나라에 흩어져 고난받는 나그네 신자들에게서, 의

심받고 무시당하는 처지에 있는 바울에게서 각기 보여지는 묵묵한 순종과

충성하는 신자의 베이스다.

"예수 그리스도의 사도 베드로는 본도, 갈라디아, 갑바도기아, 아시아와

비두니아에 흩어진 나그네, 곧 하나님 아버지의 미리 아심을 따라 성령

이 거룩하게 하심으로 순종함과 예수 그리스도의 피 뿌림을 얻기 위하여

택하심을 받은 자들에게 편지하노니 은혜와 평강이 너희에게 더욱 많을

지어다"(벧전 1:1~2).

"예수를 너희가 보지 못하였으나 사랑하는도다. 이제도 보지 못하나 믿

고 말할 수 없는 영광스러운 즐거움으로 기뻐하니 믿음의 결국 곧 영혼의 구원을 받음이라"(벧전 1:8~9).

"너희에게나 다른 사람에게나 판단 받는 것이 내게는 매우 작은 일이라. 나도 나를 판단하지 아니하노니 내가 자책할 아무 것도 깨닫지 못하나 이로 말미암아 의로다 함을 얻지 못하노라. 다만 나를 심판하실 이는 주시니라. 그러므로 때가 이르기 전 곧 주께서 오시기까지 아무 것도 판단하지 말라. 그가 어둠에 감추인 것들을 드러내고 마음의 뜻을 나타내시리니 그 때에 각 사람에게 하나님으로부터 칭찬이 있으리라"(고전 4:3~5).

하나님을 믿는 신자의 삶이란, 축복이면서도 또한 고난이다. 육신의 눈에 안 보이는 하나님을 믿음의 눈으로 보면서 은혜 주시는 그 하나님을 깨닫고 가야하며 씨름해야 하는 각자 삶의 자리가 있고 현장이 있다. 형통하고 탄탄대로일 수도 있지만, 많은 경우 거칠고 막히고 거절당하고 실패와 배신의 나날 속에 상처받고 얻어 터지는 게 일상이다. 세상 방식으로 같이 가면 혹 잘 풀리고 아무 문제 없을 터인데, 신자라는 이유로 기독교인이라는 이유로 다르게 살고 믿음따라 살려고 다르게 행동하면, 많은 것 잃고 패배자가 되고 바보라고 손가락질 받기도 한다.

그러나, 사실 오늘 한국교회 안에는 그런 수모와 질시, 패배와 손해보는 일을 감당하지 못하고 안하려 해서 문제다. 예수 제자로 성경을 보고 배우지만, 말씀보다는 세상 기준과 가치따라서 똑같이 세상 식으로 이기려하고 이익보려 하고 승리자가 되고 고지를 밟고 싶은 세상 욕망 감추지 못하는 탓에 십자가의 도리는 뒤틀리고 교회의 빛은 흐릿해져 있다. 험하고 악한 이 세대에 세상 방식 굴하지 않고 하나님 뜻 좇아 단순하게 씨름하며 도전 벌이는 신자들이 세워져야 한다. 터지고 수모 당하는 걸 감수해 가며 또 일어서 세상 앞에 도전하는 하나님의 사람, 모세를 따라서.

5

하나님의 이름을 염려하여

출 32:1~14

모세가 시내산에 올라가 40일 금식하며 기도한다. 이스라엘 백성을 위해 간구하며 축복을 비는 하나님께 드리는 간절한 기도. 성전의 낭실과 단 사이에서 눈물의 기도를 쌓는 제사장의 책무다.

"여호와를 섬기는 제사장들은 낭실과 제단 사이에서 울며 이르기를 여호와여 주의 백성을 불쌍히 여기소서. 주의 기업을 욕되게 하여 나라들로 그들을 관할하지 못하게 하옵소서. 어찌하여 이방인으로 그들의 하나님이 어디 있느냐 말하게 하겠나이까 할지어다"(욜 2:17).

성전의 낭실과 단 사이는 제사장의 눈물이 있는 곳이다. 불순종하며 죄 가운데 거하는 백성들과 망해가는 민족과 나라를 위해 하나님께 대신 사죄와 은총을 구하는 자리다. 하나님의 긍휼을 구하고 용서를 구하며 복에 복을 허락해 주시기를 탄원하는 일은 제사장의 가장 중요한 책무다. 낭실과 단 사이는 찢긴 마음으로 하나님을 향해 엎드리는 거룩한 시온소다. 주의 백성들이 겪는 고통을 대신하여 떨리는 손으로 감히 하나님의 긍휼의 옷자

락을 만지며 낭실과 단 사이에서 하나님의 뜨거운 은혜를 구한다. 그곳은 자비로우신 하나님이 긍휼의 응답으로 채워지는 축복의 통로이다. 하나님과 백성 사이에서 눈물로 탄원하는 제사장, 성전이 있기전 모세의 낭실과 단 사이는 시내산이다.

그 기간이 40일이나 되었다. 백성이 처한 형편에 대한 모세의 상황인식과 간절함의 시간이다. 그런데 백성들에겐 그 긴 시간이 너무 힘겨웠다. 함흥차사 오지 않는 모세를 기다리지 못했다. 모세의 심정만큼이나 백성들도 겸비하여 함께 마음을 모으고 기다려야 하는데, 불안과 두려움이 더 크게 느껴져 문제를 악화시키고 불신과 배역을 감행한다. 기다리지 못하는 백성들. 자신들을 위해 산꼭대기에 올라가서 식음을 전폐하고 은혜를 구하는 사람이 있는데, 그들은 인내하지 못하고 결국 자신들 마음대로 방자히 행한다.

백성들이 아론에게 찾아와 흥정을 한다. 그들은 하나님 믿지 않겠다는 게 아니다. 하나님을 잘 믿겠다고 한다. 그런데 오매불망 그리운 그 하나님이 자기들 눈에 보이지 않으며, 설사 꿈에도 나타나지 않는 게 불만이다. 그러니 자기들 눈에 보일 수 있도록, 뭔가 신상을 하나 만들자고 한다. 그래야 하나님을 더 잘 믿고 따를 수 있겠다는 거다. 아론은 백성들의 요구를 물리치긴 커녕, 그들로부터 금 고리를 모아서 송아지 형상을 만들어 애굽 땅에서 인도하여 낸 너희의 신이라며 내어준다.

금 송아지 우상

아론이 만들어 준 금 송아지 형상은 기원전 14세기 광야에서 일어난 일이다. 그보다 400년 뒤인 기원전 10세기 르호보암 시기에도 똑같은 일이 벌어진다. 르호보암의 가혹한 정치에 염증을 느낀 여로보암과 북부 10지파가 따로 북 이스라엘을 세워, 남북으로 갈라진 일이 생긴다. 북 이스라엘은 남 유대보다 여러 가지 면에서 월등했다. 하나 약점이라면 성전이 없다는 것이었다. 하나 뿐인 하나님의 성전은 남 유대 예루살렘에 있었기 때문이다.

여로보암은 자기 백성들이 하나님 만나러 가겠다고 자꾸 남쪽 유대에 내려가는 게 마뜩지 않았다. 굳이 등돌린 남쪽에 내려가지 않고, 북 이스라엘 안에서도 하나님 예배할 수 있도록 하자며 만든 게 바로 금송아지 상이었다. 벧엘과 단, 두 곳에 신상을 설치하여 거기서 제사를 드리도록 했다. 이 금송아지 형상을 두고 여로보암은 백성들에게 공포한다. 광야의 아론이 했던 것과 똑같은 메시지다.

"두 금송아지를 만들고 무리에게 말하기를 너희가 다시는 예루살렘에 올라갈 것이 없도다. 이는 너희를 애굽 땅에서 인도하여 올린 너희의 신들이라"(왕상 12:28).

"아론이 그들의 손에서 금 고리를 받아 부어서 조각칼로 새겨 송아지 형상을 만드니 그들이 말하되 이스라엘아 이는 너희를 애굽 땅에서 인도하여 낸 너희의 신이로다"(4).

송아지 상이 한 개냐, 두 개냐의 차이일뿐, 400년의 시차를 두고도 엉터리 불신앙은 똑같다. 하나님을 금송아지 형상으로 빚대어 만들려는 잘못된 욕구는 광야시절에서 왕정시대까지, 아니 이스라엘 온 역사 전체에 관통했다. 이 그릇된 불신앙과 욕망은 늘 그들 주변에서 보아오고 들어온 것에 영향받았다.

황소는 힘이 세지만 온순하다. 농경 사회에선 필수적인 동물이다. 죽어서는 사람들에게 고기 음식을 제공하기도 한다. 그뿐만 아니라 고대 근동에서는 신적 존재로 숭배의 대상이기도 했다. 황소나 송아지 형상은 이집트, 메소포다미아, 가나안 등 옛 근동의 어느 지역에서나 볼 수 있는 종교적 성상이었다. 이스라엘이 있는 시리아-팔레스타인 지방에서는 이러한 소 형상들이 다수 발굴되었다.

이스라엘은 과거 족장시대부터 출애굽, 왕정을 거치는 역사 내내, 이웃하는 나라와 민족들로부터 여러 면에서 영향을 받았을 것이며, 종교 사회적으로도 그럴 것이다. 고대 근동의 여러 나라에 퍼져있는 신상을 동원한 종교적 제의나 문화로부터 구별되기는 쉽지 않았을 것이다. 아론, 여로보암과 백성들이 당장에 하나님을 대신하여 금송아지를 만든 것은 그들이 애굽에서 가나안에서 익숙하게 보아오고 행했던 종교적 행위의 연장선에 다름 없다.

이스라엘이 하나님을 믿는 다면서 행한 신상 숭배의 경우는 두 가지다.

하나는 하나님을 표상하는 신상이나 상징물에 대한 숭배요, 다른 하나는 이 방 신을 표상하는 것들에 대한 숭배다. 십계명에 어긋나는 일이다. 전자는 제 2계명, 후자는 제 1계명 위반이다. 금송아지 숭배는 바로 두 번째 계명을 어긴 사건이다.

"너를 위하여 새긴 우상을 만들지 말고 또 위로 하늘에 있는 것이나 아래로 땅에 있는 것이나 땅 아래 물 속에 있는 것의 어떤 형상도 만들지 말며 그것들에게 절하지 말며 그것들을 섬기지 말라"(출 20:4~5).

금송아지 숭배는 당시 만이 아니라 이스라엘 역사 전체를 관통하는 신앙적 위기였다. 이스라엘 백성은 가나안에 정착하면서도 바알과 아세라 신앙에 지속적으로 유혹을 받았다. 그것은 풍요와 방종에 대한 끊임없는 욕망의 대체재였다. 효율성과 성과주의 앞세운 현대 사회의 대량 생산, 대량 소비처럼.

구약 성서가 어찌보면 지나치리 만큼 가나안 문명과의 단절을 강압한 이유가 여기에 있다. 여호수아가 여리고 전쟁을 벌일 때 그곳에 있는 모든 것을 진멸하라는 이유다. 어린아이 노인 할 것없이 완전한 학살을 명한 것도, 하다못해 소와 양과 나귀 등 짐승까지도 몰살시키라는 엄한 명령(수 6:21)도 이스라엘의 구별됨을 의도하여서다. 가나안 원주민과는 어떤 약속도 해선 안되고, 결혼도 하지 말아야(신 7:2~4) 한다. 애시당초 아예 상종이란 털 끝만큼도 생각해선 안된다. 지나칠 만큼 유별나고 독선적이며 배타적인 까닭은 혼합주의에 대한 경계에서다. 이스라엘은 세상과 구별한 하나님의 거룩한 백성들이기 때문이다.

구별된 백성으로 지내야 할 이스라엘, 거룩한 백성으로 살아야 할 기독교 신자인데, 신앙과 삶의 방식은 자주 자주 내 방식대로를 고집하고 만용부린다. 하나님은 보이지 않으시고, 모세마저 함흥차사 생사불명이니, 자기들 방식으로 하나님을 쫓고 힘있게(?) 살겠다며 광야의 백성들이 들고 일어섰다. 과거 애굽에서 보고 알고 믿었던 것처럼 그렇게 눈에 보이는 신, 금송아지를 만들어서까지 거기 절하고 마음 뺏기고 신앙의 이름으로 방종과 욕망 채우려 한다. 보이지 아니하는 신, 어떤 형상도 만들지 말라 하시는 하나님. 그런데 이 백성들은 이런 차원이 다른 신앙 생활을 해 본적이 없다. 그것이 훨씬 더 복인데도 말이다.

"예수께서 이르시되 너는 나를 본 고로 믿느냐. 보지 못하고 믿는 자들은 복되도다, 하시니라"(요 20:29).

오늘날 교회 안에 이런 신자들로 북적인다. 내가 이해할 수 있고, 내가 볼 수 있는 그 하나님을 믿고 싶다. 요즘 얼마나 살기 힘들고 어렵고 고통스러운가. 내 상한 마음을 당장 위로해 주고 육신이 겪는 어려움 일랑 지금 해결해 주시는 그 하나님을 더 찾는다. 현대인들의 나약하고 부패한 신앙과 그릇된 욕망에 강단의 설교도 위협받고 있다. 사람들의 귀를 만져주고 정서적 만족을 채워주느라 비틀어지고 설탕친 이상한 복음들이 난무한다.

아론이 그랬지 않나. 엉터리 요구하는 백성들을 타이르고 가르쳐서 돌려 보내야 했는데, 그는 오히려 한 술 더 떴다. 얼마나 솔깃하고 그럴 듯한가. 모세도 지금 없지 않은가. 이 기회에 내가 이들의 말을 들어주고 내가 이들의 새 지도자가 되는거야. 기회는 찬스라지 않나. 황금 송아지 상으로 사람들의 마음을 얻고 그것으로 쿠데타 음모 감추지 못하는 아론.

교회를 어지럽히는

일제가 한창 기승을 부리던 1940년대 목포 교회에서 일어난 불미스런 일이다. 목포 최초교회인 양동교회는 당시 박연세 목사가 담임이었다. 그도 순간이나마 신사참배 가결에 참여하는 우를 범했지만, 이내 반성하고 회개하며 일제에 맞서 정당한 신자로서 목사로서 성도를 가르치며 목회하였는데, 어느날 일본 경찰에 붙잡혀 가야 했다. 교인 중에 김동만 집사는 일제 밀정이었는데, 그가 박연세 목사를 일제에 반하는 설교한다고 고발한 것이다.

일제는 이 틈을 이용해 박연세 목사의 담임 직을 박탈하고 목포 여러 교회를 하나로 통합해 다른 이를 담임목사로 세웠다. 박연세 목사가 일제에 구속되고 감옥에서 고초를 겪는 동안, 교회 담임 차리를 차지한 어용 목사의 교회 형편은 어떠했을까. 교회는 주일 아침이면 신사참배하고 동방요배하고 나서야 예배하였으니, 그게 무슨 예배였겠는가. 일제에 부역한 어용 목사는 해방때까지 목포 교회 지도자 노릇하며 일부 교회는 매각을 자행하기도 하며 갖은 부역을 다했으니, 금송아지 앞에서 제사하며 뻘짓 자행하는 아론이나 그의 백성들과 무슨 차이랴.

아론과 백성들의 만행에 대해 하나님께서 진노하신다. 시내산에서 기도에 전념하느라 산 아래의 패악을 알지 못하는 모세에게 하나님이 찾아와 매우 분노하시며 목이 뻣뻣한 백성들을 진멸하겠다(출 32:9~10)고 한다. 하나님께 이 소식을 들었을 때, 모세는 기가 막혔을 것이다.

지금 내가 누구를 위해서 이렇게 40일을 밥도 안먹고 기도하는 판인데, 그들이 오히려 나를 배신하다니. 모세도 화를 참지 못하고 이런 몹쓸 놈들, 하며 방방 뛰어야 할 판이다. 그런데 모세는 정작 차분하고 하나님이 더 성질 뻗치신다.

하나님의 진노가 얼마나 컸는 지 심지어 이스라엘에 대해 '내 백성'이 아니라, '네 백성'(출 32:7)이라 남 얘기하듯 한다. 세상에, 지금껏 하나님은 내 백성(출 3:7)이라 해오시지 않았던가. 백성들의 부패와 방종에 대한 하나님의 노어움은 더 이상 관계를 지속하기 어려워 보인다. 이젠 끝장날 것 같은 분위기다. 하나님은 두가지 처방전을 내리신다.

"내가 그들에게 진노하여 그들을 진멸하고 너를 큰 나라가 되게 하리라"
(10).

귀를 쫑긋하게 만들고 가슴에 불을 댕기는 말이었을 것이다. 저들을 다 없애 버리고, 나를 중심으로 새로운 나라를 만드시겠다니. 이 얼마나 신나는 일인가. 이 말 많고 탈 많은 백성들, 내 손에 피 한방울 안 묻히고 다 없애 버리고, 나로부터 새로운 역사 시작할 수 있다니. 그럼 이제 아브라함 이름은 없어지고 이제 내 이름 모세를 시조로 한 새로운 민족, 새 나라가 도래하는 거다. 이 얼마나 가문의 영광이요, 입신양명이랴! 오늘 나에게 이 제안이 다가온다면 우린 어떤 태도를 보여야 할까? 지금 이 솔깃한 이야기는 사탄의 유혹도 아니고 다름 아닌 우리 하나님께서 제안하시는 건데 과연 모세는 어떻게 했을까?

도덕 설교의 함정

이 사건에 대한 한국 교회 강단의 설교는 자못 도덕 설교의 함정에 빠져 드는 경우가 많다. 배신하는 백성들을 위해서 오히려 하나님의 자비를 구하며 그들을 망하지 않게 하려고 요청하는 모세. 우리도 모세처럼 바다와 같은 넓은 마음으로 남을 용서하고 오히려 축복해 줄 수 있어야 한다고 강조한다. 매우 감동적으로 들리는 이러한 메시지는 전형적인 윤리 모범 설교일 뿐이다.

이는 우리 자신의 삶과 신앙을 속이고 왜곡시킨다. 모세의 삶과 신앙 내용, 성경에 드러나는 여러 인물들에게서 도덕적 인격적 수준의 뛰어남에 시선이 멈춰있다. 도덕 설교의 잘못이요, 위험한 신앙을 불러 일으키는 원인이다. 사람의 성품이나 인격의 수준을 근거로 하여 성경을 풀어내고 가르치는 것은 큰 잘못이다. 아주 나쁜 결과를 낳을 수 있다. 세상적 영웅 호걸스런 모습에 환호하면 정작 하나님을 볼 수 없다. 하나님께 대한 신앙을 곡해하고 오늘날 교회가 잘못된 내용을 갖는 이유다.

기드온과 삼백 용사, 여장부 여걸 드보라, 다 엉터리다. 용사는 무슨, 여장부는 무슨 얼어죽을. 성경은 위인 전기 이야기가 아니다. 그런 해석과 설교는 태반인데, 모두 본질에서 벗어나 있다.

성경의 모든 근거나 본질은 항상 하나님께 있다. 하나님이 누구신가, 그는 무엇을 하고 계시고 뭐라 이야기 하시나에 초점을 맞춰야 성경이 바로 보인다.

여기 아론과 백성들의 패역에 대한 하나님의 징계에 대하여 모세가 반응하는 태도와 자세로부터 역시 제대로 된 이해와 해석이 절실하다. 모세의 착함. 배신과 보복을 이겨내는 그의 선함과 용기, 다 볼 수 있고 인정할 수 있다. 그러나 성경은 그것을 말하고자 굳이 이렇게 드러내 있지 않다. 성경 본문은 오히려 한참 비껴 서있고, 그것을 반대한다.

보다 더 중요한 다른 이유 때문에

모세에겐 보다 다른 까닭이 있다. 모세 자신의 성품이나 인격에 우린 초점이 있지만, 모세는 하나님께 시선을 둔다. 하나님께 보다 관심이 있고, 하나님을보다 앞세운다.

"모세가 그의 하나님 여호와께 구하여 이르되 여호와여 어찌하여 그 큰 권능과 강한 손으로 애굽 땅에서 인도하여 내신 주의 백성에게 진노하시나이까. 어찌하여 애굽 사람들이 이르기를 여호와가 자기의 백성을 산에서 죽이고 지면에서 진멸하려는 악한 의도로 인도해 내었다고 말하게 하시려 하나이까. 주의 맹렬한 노를 그치시고 뜻을 돌이키사 주의 백성에게 이 화를 내리지 마옵소서. 주의 종 아브라함과 이삭과 이스라엘을 기억하소서. 주께서 그들을 위하여 주를 가리켜 맹세하여 이르시기를 내가 너희의 자손을 하늘의 별처럼 많게 하고 내가 허락한 이 온 땅을 너희의 자손에게 주어 영원한 기업이 되게 하리라 하셨나이다"(11~13).

당신이 이 곳에서 이 백성을 다 죽이면, 세상 사람들이 뭐라 하겠나이까. 하나님은 선하시고 은혜 베푸시는 신 중의 참 신이라 하셨지 않나이까. 애굽의 학정 속에서 신음하는 이 백성들을 해방하시고 구원하셨으며, 이렇게 어렵사리 이곳까지 데려와 놓고, 여기서 그들을 학살시키면 그게 무슨 말이 됩니까. 아브라함과 이삭과 야곱의 하나님, 그 언약의 하나님께서 약속 지키시려 여태 수고하고 애써서 여기까지 왔는데, 가나안 앞두고 여기서 다 없애 버리면 그 언약의 하나님은 이제 어디에서 찾을 수 있습니까. 하나님, 당신의 이름은 이제 부끄러움이 되고 사람들의 기억에서 지워져 버릴 것입니다. 하나님, 화를 내리지 마소서.

모세도 사람이다. 성깔 보통이 아니고, 되게 거칠다. 맘에 안들면 사람 죽이기(출 3:12)까지 한다. 금송아지 사건을 대하면서 모세도 화가 났을 테고, 솟는 분노 쉽게 참지 못했으리라. 더군다나 하나님께서 자청해서 다 몰살시키자는데, 천우신조 아닌가. 확 그냥 저들 다 죽여 버리세요, 안 그럴 수 있는 이 얼마나 될까. 그런데 모세는 이 대목에서 참 다른 사람임을 드러낸다. 하나님의 쪽팔림을 염려하는 사람, 세상으로부터 하나님의 이름이 훼손되는 것을 두려워 한(신 9:28) 사람이 모세다.

모세는 무엇에 관심이 있나. 누구를 앞세우는가. 자기 억울한 심정 토하고 반역하는 자 복수하고 싶은 마음, 왜 없겠는가. 그러나 자기 원한 풀고 복수하는 것으로 하나님의 이름이 손상되 버리면, 정작 무슨 의미가 있겠는가. 자기 감정이나 사람의 억울함보다, 하나님의 신적 존재와 정체성에 훨씬 더 큰 방점을 둔다. 자신에게도 솟는 화를 삭히며 외려 하나님을 달래고 용서해 달라고 대신 비는 까닭은, 자신이 착하고 용서하는 능력이 있음을 드러내기 위해서가 아니라 하나님의 하나님 되심을 위해서다.

하나님 앞세우고 교회 앞세우는

오늘날 성도가 많고 재정이 풍족한 교회일수록 내부 다툼과 갈등이 많다. 축복이 선으로 결실 짓지 못하고 오히려 분열과 상처 투성이로 찢기는 일이 적지 않다. 성도간에, 장로와 목사간에 일어난 불미스런 일들은 대부분 돈과 관련있다. 교회는 어떻게 되건 말건, 내 생각 옳은 것만 고집하는 이 있다. 하나님의 이름은 어찌 되던 말던 저 사람은 잘못되었고 나쁘니 내가 꼭 이겨야만 한다는 독선과 아집 부리는 이 많다. 교회가 갈라서고 성도들이 뿔뿔이 흩어지거나 말거나, 너의 신앙은 틀렸고 나는 옳으니 포기할 수 없고 양보할 수 없다며 고집 피우는 엉터리, 그릇된 열심히 얼마나 주변에 많은가. 나의 생각, 나의 고집, 나의 감정은 존중받아야 하나, 그것을 남에게 강요하거나 고집 부리는 건 상식도 아니고, 바른 신앙은 더더욱 아니다. 많은 경우 나를 죽이고 희생당하면서도 남을 세우고 교회를 생각하며 공동체를 만드는 게 진정한 믿음이지 않겠나.

자신보다 하나님을 생각하고 이스라엘 공동체를 염려하는 모세, 그의 아름다운 배려와 태도는 사람에게서 난 게 아니라 하나님의 은혜로 말미암은 것이리라. 시내산에서 40일 동안, 육신은 주릴지라도 영적 관계는 풍성했던 하나님과의 교제가 그로 하여 보다 믿음의 분별력 지니게 하고 멋진 결실 보이게 하였으리라. 당신의 백성을 부르시고 구속의 은혜를 펼치시는 하나님, 그의 약속과 신실하심을 기억하며 그의 이름에 걸맞는 백성으로 신자로 세워져 가야 하리라. 보다 용서하고 이해하며 더불어 함께 가는 하나님나라 공동체로!

6

하나님과의
동행

출 33:1~23

"너희는 가서 모든 민족을 제자 삼으라."는 예수의 마지막 지상 명령을 붙들고, 수많은 복음주의자들이 지금 이순간에도 지구촌 곳곳에서 일하고 있다. 예수의 대위임령(Great Commission, 마 28:18~20)이야말로 세상을 바꾸는 혁명적 독트린이다. 이 분부 의지하여 많은 젊은이들이 예수 제자로 살아 가며, 각자의 삶의 자리에서 또 이방 나라 미전도 종족을 찾아 험한 곳마다 않고 다니며 자기 인생을 불사르고 있다.

부르심에 사로잡혀 기꺼이 세상이 가는 길과 다른 인생을 사는 이들. 그들이 가는 삶의 길에 주께서 또한 약속하신 게 있다. "내가 세상 끝날까지 너희와 항상 함께 있으리라"는 동행의 약속이다. 가라, 하실 뿐만 아니라, 가는 그 걸음마다 늘 함께 하시겠다는 신뢰가 많은 이들로 기꺼이 헌신과 열정 불태우게 한다. 동일하게 소명하시며 등 떠민 모세에게도 하나님은 똑같이 약속하신 바다.

"하나님이 이르시되 내가 반드시 너와 함께 있으리라. 네가 그 백성을 애굽에서 인도하여 낸 후에 너희가 이 산에서 하나님을 섬기리니 이것이 내가 너를 보낸 증거니라"(출 3:12).

하나님께서 호렙산 떨기나무 가운데서 모세를 부르시고 그에게 명령하실 때, 확인하고 약속하신 것은 '동행'이다. '반드시' 동행하겠다는 굳은 의지의 약속이다. 그 증거까지 제시하셨다.

동행의 약속, 깨어지는가

그런데 이렇게 함께해 주셔서 부르심대로, 약속대로 시내산에 와 있는데, 어느날 갑자기 이젠 함께하지 않겠다,고 하신다. 얼마전 있었던 금송아지 사건의 후유증이려나. 하나님의 진노하심이 여전한 상황에서 벌어진 일이다.

> "여호와께서 모세에게 이르시되 너는 네가 애굽 땅에서 인도하여 낸 백성과 함께 여기를 떠나서 내가 아브라함과 이삭과 야곱에게 맹세하여 네 자손에게 주기로 한 그 땅으로 올라가라. 내가 사자를 너보다 앞서 보내어 가나안 사람과 아모리 사람과 헷 사람과 브리스 사람과 히위 사람과 여브스 사람을 쫓아내고 너희를 젖과 꿀이 흐르는 땅에 이르게 하려니와 나는 너희와 함께 올라가지 아니하리니 너희는 목이 곧은 백성인즉 내가 길에서 너희를 진멸할까 염려함이니라"(1~3).

이 시내산 선언엔 두가지 서운한 내용이 담겨있다. 첫째는 여기 시내산을 떠나라는 것이고, 둘째는 앞으로 상종하지 않겠다는 선언이다.

우선 하나님은 현재 있는 이 곳을 떠나라고 한다. 모세의 소명에서 시작하여 약속의 첫 결실로 와 있는 시내산. 애굽에서 나와, 이를테면 광야 40년의 베이스 캠프를 이곳 시내산에 꾸려 왔는데, 떠나라니. 여호와가 계시는 여기 시내산을 중심으로 이스라엘이 함께 거하고 있었는데, 떠나라고 하는 것은 죄로 말미암은 이스라엘에 대한 일종의 징계다.

그것은 아담과 하와가 범죄하므로 에덴 동산에서 추방한 것(창 3:23~14)이나, 동생을 죽인 가인에게 땅의 저주가 내려 땅으로부터 떼어 놓으신 것(창 4:11~12)을 연상시킨다.

두 번째 하나님의 미묘한 감정은 더 충격적이다. 하나님은 이스라엘을 '네가 애굽 땅에서 인도하여 낸 백성'(1절)이라 한다. 아니, 하나님께서 자기 백성이라 하시며 자기 백성을 위해 애굽에서 이끌어 냈지 않는가. 그런데 32장 7절에서도 그랬던 것처럼 여전히 화가 풀리지 않으셨는지, 여전히 모세, '네'가 인도하여 낸 '네' 백성이라며 심기 불편함을 감추지 않는다.

십계명 서론에서 하나님은 당신이 애굽에서 인도하여 내었다(출 20:2)고 분명히 선언하셨던 바다. 그런데 출 33장에서 이 백성들은 내 백성이 아니라 네(모세) 백성이라 힐난하듯 쏴 붙인다.

백성들의 금송아지 숭배 사건으로 인해 하나님과의 언약이 손상되고 제대로 회복되지 못하고 있다. 왕과 백성으로서 언약관계인데 그 약조나 친밀감이 소원해 지고 있는 상태를 상징한다.

백성들의 결단

시내산 독트린에 또 나오는 이스라엘을 향한 땅에 대한 약속의 재확인, 그 땅은 두가지 의미가 있다.

첫째는 아브라함과 이삭과 야곱에 맹세하여 그 자손인 지금의 이스라엘에게 주기로 한 땅이다. 아브라함에겐 세차례에 걸쳐서(창 12:7, 13:14~15, 17:8), 야곱에겐 벧엘의 꿈 속에서(창 28:13) 각기 약속하셨던 일이다. 금송아지 사건 등 죄로 말미암아 이스라엘이 자칫 깨어질 수 있는 언약을 재 상기하는 것이다.

둘째는 그 땅은 젖과 꿀이 흐르는 기름진 땅이다. '젖'은 염소나 양의 젖을 포함한다. 목축업이 번성할 수 있는 땅이다. '꿀'은 땅이 그만큼 기름지다는 것이다. 농업이 잘 될수 있는 조건이다. 그게 흐르고 넘칠 정도니 하나님께서 주시기로 한 땅은 농사도 목축도 번창하는 풍요의 땅이다. 이처럼 좋은 땅을 약속하신 그 하나님께서 상당히 께름칙한 말씀을 하신다.

"너희와 함께 올라가지 않겠다"니, 이 무슨 청천벽력인가. 누가 약속하고 누가 말했던가. 당신이 찾아와서 왕 되어주시겠다고, 함께해 주시겠다고 하신 바인데, 이제 그 약속의 땅에 같이 가시지 않겠다니. 이 무슨 말인가. 하나님께서는 오히려 이스라엘을 염려해선 하신 말씀이라 하신다. "내가 길에서 너희를 진멸할까 염려함이니라."

이스라엘의 우상숭배로 인해 하나님과의 언약이 일시 파괴된 상태다. 하나님의 거룩하심이 손상되었다. 필시 댓가가 따르는 일이다. 백성들에 대한 진노로 이어져 진멸될까 염려하신다. 하나님의 공의는 상과 벌이 공존한다. 그냥 용서되고 대충 흐지부지 끝낼 일이 아니다. 이러다 자칫 백성들이 몰살당하느니, 하나님 당신께서 피하시겠다는 역설적 방책이요, 자비다.

하나님의 숙원사업이 뭔가. 이스라엘을 가나안으로 인도하여 당신 백성 삼는 일이다. 그런데 이 숙원사업을 이루기 위해 오히려 이 백성과 함께 하지 않겠다, 동행하지 않겠다는 역설은 모세나 백성들에겐 도무지 감당이 안 되는 소식이다. 우려와 염려 정도가 아니라 최악의 상황이다.

최악인데 뭘 못하랴. 자신들에게 있는 모든 옳지 않은 것들을 다 내치며 새롭게 겸비하는 걸 마다 않는다. 하나님 싫어하시는 거라면 뭐든지 우리도 싫어해야 한다.

> "백성이 이 준엄한 말씀을 듣고 슬퍼하여 한 사람도 자기의 몸을 단장하지 아니하니 여호와께서 모세에게 이르시기를 이스라엘 자손에게 이르라. 너희는 목이 곧은 백성인즉 내가 한 순간이라도 너희 가운데에 이르면 너희를 진멸하리니 너희는 장신구를 떼어 내라. 그리하면 내가 너희에게 어떻게 할 것인지 정하겠노라 하셨음이라"(4~5).

우린 당신이 좋아하실 일이라면 뭐든지 할 수 있어야 하고, 싫어하실 일이라면 또한 우리도 싫어해야 한다. 하나님은 이스라엘이 몸에 장신구를 붙이며 지내는 행위, 곧 우상에 대한 미련과 집착에 대해 지적하셨고, 이스라엘은 하나님의 준엄함에 대해 즉각 순종으로 답한다.

그들이 몸에 있는 장신구를 떼어 내다니! 얼마전 아론의 금송아지 만들 때 떼어내고도 그렇게 많이 남아 있었다는 건가. 도대체 그들은 애굽에서 나올 때 얼마나 많은 금, 은 패물을 지녔단 말인가!

지금 그 패물이 뭐 그리 대단하고 중요한가. 하나님이 우리 곁을 떠나시겠다는 마당에 그까짓 패물, 금, 은이 무슨 의미 있으랴. 하나님이냐 패물이냐, 둘 중 하나는 버려야 한다.

패물이나 금 따위 장신구는 우상 숭배의 상징이다. 장신구에 각종 우상을 새겨 넣지 않는가. 그게 일상이었다. 그들이 차고 있는 장신구는 알게 모르게 우상에 사로잡혀 있고, 이방 문화에 젖어 있음을 뜻한다. 이런 삶의 문화 환경과 일상에서 우상 새긴 장신구는 하나님을 기억하지 못하게 하고 정당한 신앙을 저해한다. 그걸 다 없애야 한다. 오직 하나님만 생각할 수 있기에 장애가 되는 것은 애시당초 얼씬 못하게 해야 한다.

> "야곱이 이에 자기 집안 사람과 자기와 함께 한 모든 자에게 이르되 너희 중에 있는 이방 신상들을 버리고 자신을 정결하게 하고 너희들의 의복을 바꾸어 입으라. 우리가 일어나 벧엘로 올라가자. 내 환난 날에 내게 응답하시며 내가 가는 길에서 나와 함께 하신 하나님께 내가 거기서 제단을 쌓으려 하노라. 하매, 그들이 자기 손에 있는 모든 이방 신상들과 자기 귀에 있는 귀고리를 야곱에게 주는지라. 야곱이 그것들을 세겜 근처 상수리나무 아래에 묻고"(창 35:2~4).

야곱이 하란의 삼촌 집에서 20년을 살다가 그곳을 떠나 가나안으로 돌아갈 때 모습이다. 외삼촌 라반은 다신교 우상을 믿었다. 그 집안에서 살며 이방신에 젖어있는 사람들이 이제 야곱과 함께 돌아가서 하나님의 백성으로 살려고 할 때 취할 첫 번째 결단은 하란의 이방 신앙과 문화를 다 버려야 하는 일이다.

마찬가지로 여기 시내산에 모인 이스라엘 백성들이 이제 가나안 하나님 나라 백성으로 살려고 할 때 취해야 할 첫 번째 태도는 애굽의 모든 이방 신상의 삶과 문화를 버려야 하는 일이다. 4백년 동안 애굽에서 물든 우상과 여러 모습들은 다 제거되어야 한다. 이스라엘 자손들은 호렙산에서 기꺼이 그들의 장신구를 다 떼어 냈다(출 33:6).

회막

백성들이 새로운 삶에 대한 변화된 결단을 촉구하기 위한 하나님의 역설적 도전은 성공적이었다. 백성들의 변화가 있었고, 이에 대한 모세의 다음 행동 역시 매우 의미심장하다.

모세는 하나님의 임재를 상징하는 장막을 돌연 진 바깥으로 옮겨 진에서 멀리 떠나 있게 한다. '회막'이라 새롭게 부른 이곳에 이스라엘 백성들로 하여금 자기 발걸음을 옮겨 나아오게 한다. 하나님 여호와에 대한 열심을 복돋우려 위함이다.

회막은 하나님이 계시는 공간이니, 마땅히 그 백성들의 중앙에 위치해야 하는데, 모세가 갑자기 진 중앙에서 밖으로 옮겨 버리니, 여호와를 앙망하는 백성이라면 자기들의 진을 떠나서 회막이 있는 곳으로 수고하며 애써 찾아와야 할 것이다.

하나님을 찾아 나서야 하는 의지, 백성으로서의 열심을 훈련시키는 모세의 의도가 있다. 그 마음을 따라서 백성들이 찾아왔을 때, 거기에 구름기둥이 서 있었다. 하나님이 임재하시고 백성들이 와서 거기서 예배하는 것이다. 잃어버리고 잊혀졌던 하나님에 대한 마음을 새롭게 다지고 그 앞에 부복하며 예배하는 백성들. 거기에 하늘의 영광과 은혜가 넘친다.

금송아지 앞에 절하고 놀던 그들이 다시 회막에서 하나님을 예배한다. 돌이키고 돌아서서 하나님께 온 백성들. 하나님은 모세와 대면하여 말씀하신다. 마치 사람이 친구와 이야기 하듯이(출 33:11, 15, 18, 34:9).

모세를 동역자로 파트너로 대하시는 하나님. 우린 다 하나님 나라의 동역자로 불린 자이다. 백성을 구원하며 돌보는 하나님나라의 일군이요, 파트너다. 목사든 비목사든 주 예수 이름을 부르는 모든 성도는 누구나 하나님나라의 일군으로 부름받은 소명의 사람들이다. 하나님과 대면하여 세상 구원 책임을 함께 진 자들이다.

회막의 책임자로 여호수아가 새롭게 등장한다. 모세를 도왔던 아론은 금송아지 사건으로 리더로서의 위상을 스스로 깎아 먹고 해임된 것이다. 나라의 일을 맡겼는데, 부도덕하고 무능하다면 물러나야 하지 않겠는가. 국정을 농단하고 역사를 왜곡하며 백성들의 안위를 팽개치는 지도자는 마땅히 탄핵되어야 한다.

모세의 기도

이어지는 출애굽기 33장 후반부는 모세의 기도와 이에 대한 하나님의 대답이다. 모세는 상당히 강력하고도 도전적으로 간구한다. '보시옵소서'(12절), '여기소서'(13절), '마옵소서'(15절)는 다 강한 명령형이다. 하나님께 강한 명령을 한다. 상당히 도전적인 기도다.

그렇습니다. 이 백성으로 애굽에서 이끌어 내 가나안에 데려가시는 일은 하나님 당신의 일이요, 구속경륜입니다. 오래전 할아버지 아브라함때부터 시작하여 수 백년 지난 오랜 숙원사업입니다. 그런데 이제 완성 단계로 접어들고 있는데, 문제는 중요한 게 하나 빠져 있습니다. 백성도 있고, 나라도 있고, 땅도 생길텐데 정작 왕이 없습니다. 누가 시작한 일이고 누가 왕이어야 합니까. 당신이 시작해 놓고 당신이 왕이 되어주신다 하신 일입니다. 그런데 이제와서 그 왕되신 이가 쏙 빠져 버리면 그 나라는, 그 땅은, 그 백성에게 무슨 소용입니까. 이 백성과 함께 올라가지 않겠다는(3절) 말씀은 제발 거두어 주십시오. 취소하셔야 합니다...

당연한 이의제기요 요구사항이다. 하나님이 함께 하지 않으시고 왕되심을 포기하겠다는 선언 앞에 모세는 강력하고도 어찌보면 무례할 정도의 도전적 간구를 할 수 밖에 없는 상황이다. 모세의 진심이 통했을까. 모세를 친구 대하듯 상대하시는 그 분께서 모세의 간절함을 소홀히 할 수 없고 무시할 수 없다. 그는 우리 왕이요 신실한 하나님 아니신가.

"여호와께서 이르시되 내가 친히 가리라. 내가 너를 쉬게 하리라"(14).

어디 그뿐인가. 모세는 계속해서 여호와의 은총을 구하고 영광을 더하여 요구하는데 그마저도 하나님께서는 은혜를 베푸신다.

"여호와께서 모세에게 이르시되 네가 말하는 이 일도 내가 하리니 너는 내 목전에 은총을 입었고, 내가 이름으로도 너를 앎이니라"(17).

"여호와께서 이르시되 내가 내 모든 선한 것을 네 앞으로 지나가게 하고 여호와의 이름을 네 앞에 선포하리라. 나는 은혜 베풀 자에게 은혜를 베풀고 긍휼히 여길 자에게 긍휼을 베푸느니라. 또 이르시되 네가 내 얼굴을 보지 못하리니 나를 보고 살 자가 없음이니라. 여호와께서 또 이르시기를 보라, 내 곁에 한 장소가 있으니 너는 그 반석 위에 서라. 내 영광이 지나갈 때에 내가 너를 반석 틈에 두고 내가 지나도록 내 손으로 너를 덮었다가 손을 거두리니 네가 내 등을 볼 것이요 얼굴은 보지 못하리라"(출 33:19~23).

오늘 한국교회에 하나님의 영광이 수그러지고 사라지는 것처럼 보인다.

기독교 십자가의 능력이 왜곡되고, 세속적 혼합주의로 뒤틀린 영향력을 행세하며 본질에서 많이 벗어나 있다. 엘리 제사장의 며느리는 아기를 낳아 그 이름을 '이가봇'이라 하였다. '하나님의 영광이 떠났다'는 의미의 비통함에서 나온 삶의 정황이다. 당시 이스라엘은 하나님의 법궤를 적에게 빼앗기고, 제사장 신분인 시아버지와 남편이 오히려 영적으로 둔해져 결국 죽었으니 그녀에게 하나님의 영광이 어디 있으랴.

흐려져 가는 하나님의 영광을 다시 구하고 찾아야 할 때다. 모세를 비롯한 숱한 선지자들이 주의 영광을 늘 구하고 찾았다. 여호와를 대면하고 그의 영광을 본 자들마다 죄인된 자신의 모습을 제대로 살필 수 있었다. 야곱은 하나님의 영광을 대했을 때, 자신이 '사기꾼'임(창 32:27)을 비로소 고백하였다. 욥은 '티끌과 재 가운데에서 회개'(욥 42:5~6)하였다. 여호수아는 자신이 '더러운 옷'을 입고 있는 것을 확인하였을 때에 하나님께서 그에게서 죄악을 제거하여 주시고 아름다운 옷으로 바꿔 입혀주셨다(슥 3:3~5). 이사야는 주의 영광을 보자 '망하게 되었다'고 탄식할 때, 천사의 도움으로 악이 제하여 지고 죄가 사하여졌다(사 6:5~7). 에스겔은 여호와의 영광이 보이려 할 때 즉각 엎드렸고(겔 1:27~28), 다니엘은 몸에서 힘이 빠지고 빛이 변해 썩은 듯하며 그의 힘이 다 없어졌다(단 10:8). 게네사렛 호숫가의 베드로는 자신이 죄인이므로 주님더러 떠나 달라(눅 5:8)했고, 다메섹 도상의 바울은 눈을 떠도 아무 것도 볼 수 없었다(행 9:8). 예수의 사랑받는 제자 요한도 부활의 주를 대하였을 때에 그의 발 앞에 엎드려 마치 죽은 사람처럼 되었다(계 1:17).

하나님나라 역사의 때마다 시마다 하나님의 앞선 일군들도 하나님의 영광 앞에서는 죄인이요 죽어 마땅하였다. 그래서 어떤 이도 그 앞에서 당당할 수 없고, 얼굴을 맞대지 못했다. 모세에게 나타난 하나님께서도 스스로 손으로 가려 주시고 뒷 모습만 바라게 하셨다.

하나님은 두렵고 떨며 수치스런 모습으로 겸허히 무릎을 꿇는 이들에게 자신을 보여 주시고 영광을 드러내 주셨다. 오늘 그 희미해진 영광을 다시 구하는 일은 하나님 백성으로서의 마땅한 자세이며, 필연이다.

모세의 심정이 그랬다. 그의 마지막 기도와 간구에서 무엇을 느낄 수 있나? 하나님의 평생 숙원. 그 사업의 행동대장으로서 앞서 행한 모세. 얼마나 영예스럽고 멋진 일인가. 세상 정치 권세가들이 이런 영에 호사 누리고 싶어하질 않나. 그 일을 위해 많은 사람 다치게 하고 죽이기도 하며 악독한 짓 서슴지 않는다. 그 독선과 패권적 행태, 인간 정치 권력사에 숱한 일이다.

그런데 모세는 참 다르다. 이 일을 잘 마무리 하고 성공하면 얼마나 영예롭고 사람들의 칭송이 자자할 일인데, 그 모든 세상 영에, 성공이 당신 없는 한 아무 것도 아니라고 한다. 하나님 없다면 무슨 의미있겠냐,다. 하나님이 빠진 이스라엘, 왕이 없는 백성들이 젖과 꿀이 흐르는 가나안 땅에서 살아가는 게 무슨 행복이겠냐,한다.

소원과 계획을 성취하고 성공하는 것보다 더 중요한 것 놓치지 않겠다. 세상의 영예나 성공보다 하나님이 중요하고 하나님이 무엇보다 우선이다. 일은 좀 못해도, 엉터리고 때로 손해 막심이어도 사람을 놓치지 않고 사람을 잃지는 말아야 한다. 하나님의 영광을 제대로 본 자만이 지니는 분별력이다. 하나님이 보이지 않는 사람은 방자히 행한다. 자신이 도드라지고 자신의 업적만이 빛나 보인다. 세상의 정욕과 이생의 자랑으로 가려있다. 그러나 하나님의 영광을 구하고 그의 얼굴 아래 있는 자는 자신의 죄와 무능밖에 보지 못한다. 그 부끄러운 자신을 뒤로 하고 하나님의 위엄과 빛만을 앞세워 그와 함께 하는 것으로 진정한 삶의 자아를 세워 간다.

그래서 모세는 하나님이 더 중요하다. 하나님과 함께 간다. 죽어도 그와 함께, 살아도 그와 함께. 모세에게 중요한 하나님과의 동행은 그의 신자로 이 세상에서 살아가는 오늘 우리에게도 마찬가지다.

'동행'은 참 아름다운 삶이요, 노래이며 삶의 희망이다. 슬프고 외로우며 고단한 인생길에 함께할 수 있는 벗이 있고 파트너가 있다면 참 힘이 되고 복일 것이다. 그 동반자가 나와 비슷한 성정을 지니고 한계 많은 인생 정도가 아니라 창조자요 전지전능한 하나님이시라면 더더욱 복의 복, 아니겠는가. 하나님과의 동행은 영원히 함께하는 일이다. '하나님의 영광'이 영원하시기에.

7

하나님의
말씀을 들고

신 18:15~22

모세는 하나님으로부터 보냄을 받은 자로 그의 일생을 펼친다. 소명 (Calling), 하나님의 부르심은 세상 어디를 향하는 것인가. 모세는 하나님이 일으키시는 출애굽의 역사, 구속의 사업을 하나님이 하라고 한 그 일을 평생 이뤄간다.

출생 시기부터 죽는 그 순간까지 그는 하나님 편에 선 자로 이 땅에 태어난다. 바로의 세력과 하나님의 세력 사이, 그 위험천만한 죽음의 고비를 뚫고 하나님 생명의 역사에 이름을 더한다. 죽어야 하는데, 건져냄을 받은 자, 그러니 구원받은 자로서 그는 이제 남을 구원해 내는 자로 살아가야 하는 일생을 산다. 죽음의 자리에서도 하나님의 뜻에 따라 순종하는 그의 모습을 보아 왔다. 모세는 죽임의 이 세상 역사에 반하여 생명의 역사를 일구는 하나님나라 하나님 편에 선 인생을 살았다.

하나님을 등지고 대항하는 애굽 바로의 세력은 언제나 어디나 있다. 적에게만 있는 것도 아니다. 애굽 떠난 광야에서는 이스라엘이 하나님 대항하는 또다른 비토 세력으로 있다. 심지어 모세 자신이 하나님 거역하는 바로 세력으로 흔적을 남기기도 하였다.

'바로'로 대표되는 반역의 무리들, 하나님 역사에 거침이 되고 하나님 일을 훼방하며 제압하려는 모든 세력이 다 '바로'의 악한 세력이다. 이 하나님과 바로 사이에서 모세는 언제나 하나님 편에 선다. 오늘 하나님의 백성이라는 우리들도 그렇게 사는가. 하나님으로부터 구원 받은 자로서 이제 구원하는 자로 살아 가는가. '바로'의 모습은 오늘 자본주의 사회에서 얼마나 교묘한 모습으로 우릴 위협하며 선택을 강요하는가. 분별력의 지혜가, 순결함이 절실히 필요한 때다.

늘 하나님 편에 산 모세도, 딱 한 번 치명적인 실패를 저질렀다. 가데스 바네아에서 그는 하나님의 거룩을 훼손하는 어리석음을 저지른다. 불완전하고 유한한 인생이 이 땅에서 지니는 육신의 한계일 것이다. 사도 바울의 탄식이 우리 모두에게 있지 않은가.

> "오호라, 나는 곤고한 사람이로다. 이 사망의 몸에서 누가 나를 건져내랴. 우리 주 예수 그리스도로 말미암아 하나님께 감사하리로다. 그런즉 내 자신이 마음으로는 하나님의 법을, 육신으로는 죄의 법을 섬기노라"(롬 7:24).

모세는 어떤 처지나 상황이 자꾸 바뀔지라도 늘 그의 발걸음은 하나님께 있었다. 그 삶의 지향은 하나님이다. 애굽에서 이스라엘을 이끌고 광야에서 40년을 헤매었지만, 그의 목표는 가나안이다. 가나안으로 가는 과정에서 씨름하고 고군분투한 사건과 내용들로 그의 일생은 채워져 있다.

뒤돌아 서지 않는 하나님 나라의 역사

여행자가 배를 타고 한국에서 미국으로 태평양을 건너는 중이다. 태평양 한 가운데를 한참 지나가는 배 갑판에서 그가 선두에서 선미쪽으로 뛰어간다 해서 자신이 미국에서 한국으로 되돌아가는 게 아니다. 여전히 그 배 안에 있는 한, 그 자신의 몸은 아무리 방향을 한국으로 틀고 가려 해도, 실상은 미국으로 더 가는 것이다. 배 안에서 여러 날 동안 벼라별 일이 벌어지고 뱃사람들과 수많은 대화를 오가는 일이 있지만, 그의 몸은 미국으로 향한다.

모세와 이스라엘이 광야에서 헤매이며 이런 일 저런 일 벌이지만, 결국 모압 평지 느보산에 이를 때까지, 젖과 꿀이 흐르는 가나안을 향하였다. 하나님이 작정하신 일 대로 흐르고 흘러간 일이었다.

하나님의 역사, 애굽에서 노예로 430년이나 걸린 일이건, 아니 그 이전 아브라함 때부터 일이건 그 모든 역사의 시간은 하나님이 이끄시는 대로 왔고, 또 그렇게 갈 수밖에 없다. "여호와의 영광은 물이 바다 덮음같이 세상에 가득해져 간다"(합 2:14). 갈대아 제국이 온 세계를 휘어잡고 그들이 움직이는 것처럼 보이나 실상은 그렇지 않으며, 하나님 영광이 세상에 가득하다고 하박국은 선언한다. 350여년 하나님 없는 것처럼, 자기 살 길 자기가 알아서 요령껏 찾아가는 것이 옳고, 다 그래야 할 것처럼 하지만, 그럼에도 역사는 살아계신 하나님이 이끌어 가신다는 게 룻기서의 요지다.

광야 시대의 모세나 사사 시대의 룻은 오늘 교회의 신자들에게 묻고 도전한다. 우리가 믿고 따르는 하나님, 그의 말씀이 담긴 성경을 읽고, 설교

들으면서 과연 그렇게 신실하게 그 뜻을 좇아 사는가. 많은 사람들이 어찌 그렇게 교과서처럼 살 수 있냐고 반문한다. 그건 바보 멍청이나 하는 것이라고 비웃는다. 남을 이겨야 하고 요령 부려야 하고 거짓말 해야 살 수 있지 않냐고 외려 강요 협박한다. 청와대 권력자들이 전화하면 굽신 굽신 10억이든, 20억이든 내놔야 하고, 그래야 탈세 맘대로 하고 세무조사도 안받고 100억 200억 특혜 사업 따낼 수 있지 않냐는 거다. TV에 나오는 적지않은 범법자들이 적지 않게 예수 믿는다,하고 교회 장로요 집사라면서, 그의 삶의 행태는 정작 다 엉터리다. 하나님 믿는다면서, 실제는 다 하나님 등지고 바로 편에 서서 살아가는 못난 신자들이다. 오늘 망하기 싫고 패배자 되기 싫고 세상에서 인정받는 성공자로 떵떵거리고 싶다는 배역의 삶과 신앙, 오늘 우리 현대 크리스찬들에게 새삼 도전하는 절대절명의 과제다. 바로의 편에 설 것인가, 하나님 편에 설 것인가.

일생을 하나님 편에 서서 백성을 이끌고 지도하였던 모세, 그는 백성을 가나안으로 이끄는 과정에서 두가지 방편을 지니고 해왔다. 하나님과 백성 사이에서 모세는 '말씀'과 '사건'을 지녔다. 하나님의 말씀을 들고 백성 앞에서 전했으며, 백성들의 사건을 가지고 하나님 앞에서 해결책을 구했다.

'말씀'의 도구로 모세는 하나님과 백성 사이에서 중간자 역할을 했다. 민수기는 매 장마다 똑같이 반복하는 구절이 있다. "여호와께서 모세에게 말씀하여 이르시되"...

36장으로 된 민수기에 22~24장의 발람 사건 대목과 그 외 몇 개를 제외하고 거의 매 장마다 한 두 번씩 반복하여 나타난다. 하나님께서 이스라엘 백성에게 말씀하시려면, 늘 모세를 통하여 했음을 반복적으로 강조하는 것이다. 구약 성경에는 모세와 같은 이들이 많이 나온다. '선지자'라 한다.

선지자

하나님의 율법을 따라 바르게 지키고 올바른 삶을 살도록 가르치며 도와준 '선지자(예언자)'들은 당시 고대 근동 국가들 가운데서 이스라엘에만 유일하고 독특한 위치를 차지했다. 그들은 구전으로, 혹은 서전으로 이스라엘 백성들에게 영향력을 끼쳤다.

왕이나 제사장과 달리 선지자 직분은 자녀에게 세습되지 않았다. 각 선지자들은 각기 하나님에 의해 선택되었고, 하나님께서 각기 달리 위임한 일들을 맡아 행했고, 하나님의 사역을 위한 권위를 부여 받았다. 이 일을 위해 호렙산의 모세로부터 시작하여서 이스라엘 역사 가운데 드러난 모든 선지자들은 다 각기 특별한 부르심에 따랐다.

"내가 또 주의 목소리를 들으니 주께서 이르시되 내가 누구를 보내며 누가 우리를 위하여 갈꼬 하시니, 그때에 내가 이르되 내가 여기 있나이다, 나를 보내소서"(사 6:8)

"내가 너를 복 중에 짓기 전에 너를 알았고, 네가 태에서 나오기 전에 너를 구별하였고, 너를 열방의 선지자로 세웠노라"(렘 1:5).

"내게 이르시되 인자야 내가 너를 이스라엘 자손 곧 패역한 백성, 나를 배
반하는 자에게 보내노라"(겔 2:3).

"나는 선지자가 아니며 선지자의 아들도 아니요, 나는 목자요 뽕나무
를 배양하는 자로서 양떼를 따를 때에 여호와께서 나를 데려다가 내게
이르시기를 너는 가서 내 백성 이스라엘에게 예언하라 하였나니"(암
7:14~15).

선지자는 왕(사울, 다윗)을 뽑기도 했고, 왕을 징계하기도 했다. 그로부
터 기쁨과 슬픔이 시작되기도 했고, 그런 일로 명예가 되기도 했고, 위험이
되기도 했다. 그러니 선지자는 보통의 사람들로서는 힘겹고 벅찬 일이었으
며, 어느정도 용기를 지녀야 했고, 신실한 성품의 소유자라야 했다.

사무엘은 대제사장 엘리의 집안이 하나님으로부터 버림 받았다고 말해
야 했으며, 이스라엘 첫 왕으로 사울을 선택하고, 나중엔 하나님으로부터
버림받았다고 말해야 했고, 두 번째 왕 다윗도 지명하였다. 나단은 다윗의
범죄에 대해 책망해야 했다. 갓은 다윗의 인구조사 죄에 대해 역시 징계를
내렸다. 아히야는 여로보암에게 새 왕국을 약속했으나, 후에는 빼앗길 것
을 말해야 했다. 엘리야는 기근을 경고하였고, 갈멜산의 전투를 벌였으며,
엘리사는 이스라엘에 가져올 재난을 보고 슬퍼하였다. 선지자들은 각기 시

대와 상황에 따라 적절한 사명과 역할로 하나님이 진행하는 역사의 면면을 담당하였다.

선지자에겐 두가지 임무가 있다. 먼저는 하나님으로부터 계시를 받아 하나님의 메시지를 받는 일이요, 그 후에는 그 받은 메시지를 백성들에게 전해 주는 일이다. 이처럼 선지자는 하나님의 메시지를 두고 하나님과 백성 사이에 서 있는 사람이다. 이스라엘 역사 가운데 맨 먼저 부름받은 선지자 모세는 시내산과 광야에서 이 임무를 수행하였다.

> "여호와께서 산 위 불 가운데에서 너희와 대면하여 말씀하시매, 그 때에 너희가 불을 두려워하여 산에 오르지 못하므로 내가 여호와와 너희 중간에 서서 여호와의 말씀을 너희에게 전하였노라"(신 5:4~5).

> "네 하나님 여호와께서 너희 가운데 네 형제 중에서 너를 위하여 나와 같은 선지자 하나를 일으키시리니 너희는 그의 말을 들을지니라"(15).

> "이스라엘 자손에 대하여 하나님이 너희 형제 가운데서 나와같은 선지자를 세우리라 하던 자가 곧 이 모세라. 시내산에서 말하던 그 천사와 및 우리 조상들과 함께 광야 교회에 있었고, 또 생명의 도를 받아 우리에게 주던 자가 이 사람이라"(행 7:37~38).

하나님께서 백성들에게 직접 말하시지 않고 한 사람을 세워 그에게만 먼저 메시지를 주신 까닭은 백성들의 안위를 염려해서다. 하나님이 백성 가운데 직접 나타나면, 백성들은 그의 거룩함 때문에 죽을 수밖에 없기 때문이다. 백성들은 여호와의 음성을 들어선 안되고 보아서도 안되는 일이기에 한 사람의 선지자를 대신 세워서 말씀하신다(신 18:16~18).

모세는 하나님으로부터 자신이 먼저 하나님의 말씀을 들어야 했고, 그들은 말씀을 또한 가감없이 백성들에게 전했다. 만일 어떤 선지자가 하나님의 메시지를 왜곡하고 오용한다면 죽임을 당해야 했다. 바알 선지자들이 엘리야의 명령에 의해 기손 시내에서 모두 죽임을 당했던 것처럼(왕상 18:40).

하나님의 말씀은 선포되어지고 들려지는 것에 그치지 않고, 그 말씀따라 순종함으로 백성들 가운데서 응답되어져야 했다. 모세는 백성들과 함께 하나님의 말씀을 쫓아 바르게 순종하려 애써야 하는 일이다. 이 말씀을 듣지 아니하고 불순종하는 자는 하나님의 징계와 벌을 피하지 못했다.

"누구든지 내 이름으로 전하는 내 말을 듣지 아니하는 자는 내게 벌을 받을 것이요, 만일 어떤 선지자가 내가 전하라고 명령하지 아니한 말을 제 마음대로 내 이름으로 전하든지 다른 신들의 이름으로 말하면 그 선지자는 죽임을 당하리라"(19~20).

광야에서 숱하게 들려지고 전해진 하나님의 말씀은 배워서 알아야 하고, 경험하며 그렇게 하나님나라 백성으로 살아야 하는 법이요 진리요 삶의 매

뉴얼이다. 가나안을 향하고 그곳에서 정착하며 살아야 하는 백성된 자로서의 준비로서 말씀을 주셨고, 알기를 원하셨으며, 순종하기를 기대했다.

교회 강단에 선 설교자에겐 두가지 열심이 필요하다. 예배때마다 강단 위에서 전하는 하나님 말씀을 바르게 선포하는 것이 중요하다. 또한 강단 아래 일상의 삶에서는 그 전한 말씀대로 제대로 살아내는 것을 입증해 내야 한다. 강단의 말씀은 단순한 언어적 연설로 그치는 게 아니다. 자신도 삶의 곳곳 현장에서 그 전한 말씀을 그대로 입증해 보이는 삶의 몸부림이 필요한 것이다. 그 사람이 좋은 설교자요, 착한 설교자일 것이다. 모세는 하나님 말씀을 들고 백성 앞에 서서 가르쳤으며, 자신이 본을 보이며 모든 백성으로 지켜 행하는 일에 충성하는 일생을 살았다.

> "내가 오늘 명하는 모든 명령을 너희는 지켜 행하라. 그리하면 너희가 살고 번성하고 여호와께서 너희의 조상들에게 맹세하신 땅에 들어가서 그것을 차지하리라. 네 하나님 여호와께서 이 사십 년 동안에 네게 광야 길을 걷게 하신 것을 기억하라. 이는 너를 낮추시며 너를 시험하사 네 마음이 어떠한 지 그 명령을 지키는 지 지키지 않는 지 알려 하심이라"(신 8:1~2).

굳이 광야생활을 40년이나 해야 하는가에 대해선 늘 논란이다. 부질없는 허비된 시간일 수도 있고, 그만한 이유와 댓가로 얻는 것도 있다. 모세는 그 긴 광야에서의 시간이 이스라엘로 하여금 하나님의 말씀을 가지고 어떻게 살아야 하는 지 배우고 깨우치는 과정이라 주장한다. 모세는 신명기 내내 가나안을 앞둔 지경에서도, 또 당부하며 강조하여 가르친다. 너희를 바로의 애굽으로부터 나오게 한 하나님을 기억하라. 광야에서 보고 듣고 배운 것을 잊지 말라. 너희는 가나안에 들어가서 그 하나님의 말씀대로, 율법과 규례를 따라 살아야 한다,고. 어찌보면 레위기나 민수기는 모세가 하나님으로부터 전해 들은 말씀이며, 신명기는 그 말씀을 백성들에게 전하고 가르친 것이라 할 수 있다.

당시엔 종이에 기록된 성경이 없었다. 따로 눈에 보이는 말씀이 없던 시대이니, 입에서 입으로 구전으로 전하고 가르치고 배우며 살아야 했다. 오늘 우리는 성경을 가지고 있다. 그것도 여러 다양한 형태의 콘텐츠를 채운 것들로 참으로 풍요로운 말씀의 시대다. 각종 미디어를 통해서도 넘쳐난다. 우린 하나님의 말씀을 듣고 배워야 한다. 가나안에서 하나님 백성으로 살기 위해서다. 세상에서 부귀영화, 입신양명 떨치기 위해서가 아니라, 세상 삶의 처세술로, 자기계발 서적으로가 아니라, 내가 그 말씀의 사람이 되고 하나님나라의 종으로 살고자 함이다.

말씀의 종

말씀을 맡은 자로서 그 중개자의 삶을 사는 열심. 그는 무엇을 이루려는 방편으로 그 일에 충성했는가. 가나안에 들어가 살게 하려는 지침으로서

율례, 율법, 법도를 백성들에게 고지하는 것이다. 모세는 이미 알고 있었다. 그렇게 가르쳐도 백성들이 순종하는 일에 늘 실패하고 배신하고 말 것인지를. 하물며 예수님도 자기 수제자 자처하는 베드로가 실패할 줄 미리 아셨지 않는가. 그럼에도 그를 위해 기도하고 가르치는 일은 포기할 수 없었다.

"시몬아, 시몬아, 사탄이 너희를 밀 까부르듯 하려고 요구하였으나, 그러나 내가 너를 위하여 네 믿음이 떨어지지 않기를 기도하였노니 너는 돌이킨 후에 네 형제를 굳게 하라. 그가 말하되 주여 내가 주와 함께 옥에도, 죽는 데에도 가기를 각오하였나이다. 이르시되 베드로야, 내가 네게 말하노니 오늘 닭 울기 전에 네가 세 번 나를 모른다고 부인하리라 하시니"(눅 22:31~32).

미리 실망하지 않고, 냉소하거나 포기하지 않고, 최선으로 전하고 가르치는 일에 자신의 본분을 다하는 일생을 산 모세. 말 많고 탈 많은 이 허접하고 엉터리같은 백성들을 가르치고 세우는 일이 얼마나 힘들고 고역스러웠으랴. 그럼에도 끝까지 인내하며 말씀의 중간자로서의 삶을 충성스레 감당하였다. 그는 마지막 자신이 죽어가면서도 그 백성들을 위해 축복하는(신 33:1~29) 착하고 복된 사명자의 모습을 보여주었다. 모세와 선지자들의 충성이 오늘 우리 모두에게도 감사이며, 신자들의 뒤잇는 충성으로 하나님나라의 역사는 계속되고 있다.

"너희도 아는 바와 같이 우리가 너희 각 사람에게 아버지가 자기 자녀에게 하듯 권면하고 위로하고 경계하노니, 이는 너희를 부르사 자기 나라와 영광에 이르게 하시는 하나님께 합당히 행하게 하려 함이라. 이러므로 우리가 하나님께 끊임없이 감사함은 너희가 우리에게 들은 바 하나님의 말씀을 받을 때에 사람의 말로 받지 아니하고 하나님의 말씀으로 받음이니 진실로 그러하도다. 이 말씀이 또한 너희 믿는 자 가운데에서 역사하느니라"(살전 2:11~13).

8

백성의
문제를 들고

민 21:4~9

하나님 편에 서서 이스라엘을 애굽으로부터 빼내고 광야 훈련을 거쳐 가나안으로 들여보냈던 모세의 일생, 그는 그 40년 동안 하나님과 백성 사이에서 크게 두가지 일을 했다. 하나는 하나님의 말씀을 듣고 백성 앞에 나아가 전하고 가르쳤다. 또 다른 하나는 백성들의 문제와 사건이 있을 때마다 그것을 가지고 하나님 앞에 나아가 용서를 구하기도 해결책을 구하기도 하였다. 전자는 이를테면 선지자로서의 사역인 바 앞선 7장에서 살폈고, 여기 8장에선 후자의 사역, 제사장적 혹은 목자로서의 사역을 다루기로 하자.

모세와 이스라엘 백성들은 광야 40년 동안 숱한 문제에 직면하고 사건을 일으킨다. 백성들이 각양 사고를 일으키며 범죄와 반역을 반복하여 저지른다. 그때마다 하나님의 진노와 징벌을 당하기도 때론 죽임을 당하는 참혹한 일도 벌어진다. 문제가 발생하고 성가시고 귀찮은 일들이 수다히 반복적으로 일어날 때마다 모세의 한결같은 대응 방식이 참 옳아 보인다. 그는 얼마든지 자신이 직접 해결하고 처리해 버릴 수도 있을테지만, 언제나 하나님 앞에 그것을 가지고 나아가는 사람이다. 하나님의 주권을 인정하며 하나님께서 주도적으로 해결해 주시기를 부탁한다. 금송아지 사건 때부터 시작하여 한 두가지 일이 아니다. 시내산 베이스 캠프를 떠나 광야로 첫 출발하는 지점에서도 그렇다.

민 10장 말미까지만 해도 광야의 이스라엘에 대한 하나님과의 동행과 복의 약속이 그려져 있다. 모세는 이방인이었던 장인 이드로에게도 이스라엘과의 동행을 권한다. 그러면 이스라엘의 하나님께서 동일하게 복을 행하시리라 약속한다(민 10:29~32). 그리고 하나님의 법궤는 이스라엘 백성들보다 앞서서 인도하며, 이스라엘을 이방나라로부터 보호하고 이스라엘에 하나님의 함께하심을 약속한다(민 10:33-36).

민수기 11장으로 넘어가면서 이런 복의 약속과 확신, 희망으로 시내산을 출발하는데, 전혀 뜻밖의 상황을 직면한다.

> "여호와께서 들으시기에 백성이 악한 말로 원망하매 여호와께서 들으시고 진노하사 여호와의 불을 그들 중에 붙여서 진영 끝을 사르게 하시매, 백성이 모세에게 부르짖으므로 모세가 여호와께 기도하니 불이 꺼졌더라"(민 11:1~2).

복을 복으로 여기지 못하고, 이미 있는 것을 감사할 줄 모른다. 크고 본질적인 은혜가 분명함에도 일상에서의 작은 일들에 불만과 불평 늘어놓는 게 어리석은 인생이다. 여호와의 복을 확인하고 이미 충분히 맛보고 있음에도 잠시 잠간 육신의 불편함과 채우지 못하는 욕망으로 원망과 불평 늘어놓는다. 원망도 정도이지, 이스라엘은 악한 말로 원망했다니 정도가 너무 심하다.

하나님의 백성에게 어울리는 성품이라면 '만족과 감사'이리라. 반대로 하나님의 백성에게 있어서는 피해야 할 성품은 '불만과 원망질은 죄악'이다. 사람들이 불평하는 이유는 내 맘대로 되지 않기 때문일 것이다. 불평, 원망하는 사람은 자신을 아주 많이 사랑하는 사람이고, 자기의 이익, 자기의 즐거움과 욕심이 충만한 사람이다. 과욕 부리는 것에 비해 이미 있는 것들로 부족하다고, 양에 차지 않는다고 여기는 사람이다. 매우 이기적인 태도는 여러 사람이 함께하는 공동체에서 또한 매우 악하기 그지 없는 일이다.

하나님의 좋고 아름다운 것들이 '악한 말로 원망함으로' 드러나니 징계를 피할 수 있겠는가. 여호와께서 들으시고 진노하시는데, 불을 내려 아예 다 태워 죽여버릴 상황이 벌어졌다.

상황이 얼마나 급했던지, 이스라엘 백성들이 모세에게 달려가 부르짖을 정도다. 닥친 죽음앞에서는 엉터리 자존심도 뻣뻣한 교만도 다 팽개쳐야 한다. 모세에게 달려가 "살려달라"고 부르짖는다. 자신의 잘못을 인정하겠으니 화를 면해 주고 고쳐 달라 신신부탁할 수 밖에 없다.

모세는 그들의 문제를 도외시 하지 않는다. 얼마나 그들의 꼬라지가 못되고 용납하기 힘든 일인가. 불의 진노를 받는 그들 모습에 얼마나 시원하고 막힌 속이 뻥 뚫리는 듯 했으랴. 마음의 앙금이 풀리고 힐링이 되는 통쾌한 복수극 보는 듯한데, 모세의 태도가 또한 예사롭지 않다. 모른체 하지 않고, 쌤통이다 하지 않고, 그들의 어려움과 고통의 문제를 가지고 또 하나님께 나아간다. 하나님께 탄원하여 용서를 구한다. 그리하여 그 백성들의 잘못을 깨우치며 불평 불만의 인식과 태도를 바꿔 낸다.

비판하면 벌?

민수기 12장에 가면 또 나온다. 이번엔 누나와 형까지 나서 비방하는 꼴을 당하고 문둥병에 걸리는 화를 당하는 상황이다. 특히 누나인 미리암의 비방이 노골적이다.

미리암은 모세와 아론의 친누이로서 '높이는 자'란 뜻을 지닌다. 그 부모가 바로의 압력을 못이겨 모세를 나일강에 띄웠을 때에, 줄곧 주의깊게 쫓아 다니며 살폈고, 결국 바로 공주의 눈에 띄게 하여 동생을 구사일생케 하였다. 나아가 공주에게 진언하여 친모로 하여 유모삼게까지 하였다. 당시 그녀도 어린아이로서 그만한 일을 치뤘던 것을 보면, 미리암은 상당히 지혜롭고 용기있는 소녀였으리라. 출애굽과 광야의 역사에서 모세를 조력하며 함께 이스라엘의 지도자였으며, 또한 이스라엘 최초의 여선지자였다.

그런 미리암이 새삼 불만을 갖게된 것은 겉으로는 모세가 이방인 구스 여자를 취한 일(1절)이나, 속으로는 모세에게만 있는 통치권(2절)에 대한 것이었다.

모세는 본처 미디안 여자 십보라의 사망으로 재혼한 듯한데, 이디오피아 이방여인과의 결혼을 문제 삼았다. 나름 율법에 근거하여 미리암이 이의제기 이상의 비방까지 하였는데, 하나님은 정작 별 문제 삼지 않으셨다. 하나님 뜻을 거스린 정도는 아니라 여겼으리라. 엄밀하게 보자면 하나님은 가나안 7족속과의 결혼만 금지하셨고(출 34:11~16, 신 7:1~3), 보아스가 모압 여인 룻을(룻 4:13) 아내로 삼았던 것은 문제가 되지 않았다. 느헤미야 13장이나 에스라 10장과 11장에서 이방인과의 결혼 금지와 이혼을 명령하고 강행한 것은 그 자체의 문제보다는 그로 인한 우상 숭배와 도덕적 부패때문이었다.

미리암이 보다 비방을 늘어논 것은 모세가 지닌 유일한 지위에 대한 질투심 때문이었다. 같은 선지자이면서도 하나님이 유독 모세에게만 달리 독특하고 절대적인 리더십을 부여한 것에 대한 질투였다. 이 일로 인해 미리암은 문둥병에 걸리고 말았다(민 12:10).

이 사건을 대하는 한국 교회 안에선 비판에 대한 잘못된 인식과 오해가 많다. 모세에 대한 미리암의 비유를 가지고 오늘날 교회 목사에 대해 어떤 식으로든 비판하거나 비난하는 자는 하나님의 진노와 화를 당한다는 것이다. 물론 거짓이요, 엉터리 협박에 불과하다. 모세는 어떤 영적 도덕적 실수를 저지르고 하나님 말씀에 거스르는 행동을 하지 않았다. 미리암은 모세를 유일하고 특별하게 대했던 하나님에 대한 불신과 교만 때문에 징계를 당했다. 교회를 이끌고 운영하면서 도덕적으로 옳지 않고 전횡과 배임을 일삼는 것에 지적하고 문제 삼는 것을 동일시하는 것은 엉터리다.

미리암의 행위에 대해 하나님은 그의 질투와 불신을 문제시 하였다. 급기야 나병에 걸리고 말았고, 아론이 슬퍼하며 회개와 함께 징벌을 거둬 달라고 모세에게 부탁한다. 이에 대한 모세는 역시 여호와께 부르짖어 간구한다. 백성이 모세에게 부르짖는 것(민 11:2)과 같은 절박함으로 고쳐 달라고 두 번씩이나 강조하여 간구한다(민 12:13). 백성이나 가족이나 그들이 처한 현실적 문제, 범죄로 말미암아 당하는 징계의 고통을 함께 아파한다. "우는 자들과 함께 울라"(롬 12:15)는 말씀따라 그들이 처한 상황을 애타하며 간절히 하나님께 대신 구하며 해결을 청하는 모세. 백성의 문제를 가지고 하나님 앞에 선 사람이다.

민수기 21장엔 백성들의 상한 마음과 원망이 또 나온다.

"백성이 호르 산에서 출발하여 홍해 길을 따라 에돔 땅을 우회하려 하였다가 길로 말미암아 백성이 마음이 상하니라. 백성이 하나님과 모세를 향하여 원망하되, 어찌하여 우리를 애굽에서 인도해 내어 이 광야에서 죽게 하는가. 이곳에는 먹을 것도 없고 물도 없도다. 우리 마음이 이 하찮은 음식을 싫어하노라 하매, 여호와께서 불뱀들을 백성 중에 보내어 백성을 물게 하시므로 이스라엘 백성 중에 죽은 자가 많은 지라. 백성이 모세에게 이르러 말하되, 우리가 여호와와 당신을 향하여 원망함으로 범죄하였사오니 여호와께 기도하여 이 뱀들을 우리에게서 떠나게 하소서. 모세가 백성을 위하여 기도하매 여호와께서 모세에게 이르시되 불뱀을 만들어 장대 위에 매달아라. 물린 자마다 그것을 보면 살리라. 모세가 놋뱀을 만들어 장대 위에 다니 뱀에게 물린 자가 놋뱀을 쳐다본즉 모두 살더라"(4~9).

백성들의 불평과 모세의 기도, 하나님의 구원이 되풀이 된다. 광야 길은 거칠고 먹을 거리는 맘에 들지 않은 일이 발단이었다. 하나님이 불뱀을 보내 물려 죽게하는 심판이 내려졌고, 백성들이 모세에게 와 아우성을 지르자 모세는 또 하나님께 문제를 들고 간구했다. 하나님의 자비와 긍휼을 구해 놋뱀을 들려 구원의 은총을 불러 일으켰다.

신앙의 원리로 살라

백성들의 불만과 불순종이 계속 이어지지만, 모세의 자세는 한결같이 예사롭지 않다. 교회와 신자들이 모세의 태도에 대해 대체로 공감하고 좋게 여기면서도 한편으로 잘못된 이해 역시 깊게 드리워 있다. 그의 인간적 면모나 태도의 훌륭함에 마음을 빼앗겨 정작 하나님의 일하심과 성품을 놓치는 것이다. 도덕설교, 기복설교의 함정이 다 그렇다. 예수 믿고 복받자는 식의 현세적 축복 설교의 남발만큼이나 윤리, 도덕 설교의 폐해도 우리 안에 크게 자리잡고 있다. 자칫 신자들의 죄책감을 협박하고 바리새적 율법주의 기독교를 만들고 있다. 상대적으로 하나님의 은혜를 자연스럽게 도태시켜버리는 실수를 키운다. 십자가 은혜의 기독교를 도덕 종교, 윤리 종교로 격하시키고 변질시킨다.

여러분, 백성들이 이렇게 모세를 대들고 이렇게 배신 때리는 데도, 모세의 태도를 보십시오. 그의 인격이 얼마나 크고 훌륭합니까. 인자하고 온유한 그의 성품따라 오늘 우리도 모세를 본받아 서로 이해하고 용서하며 삽시다. 비판도 비난도 삼가고 은혜(?)로 넘기자며, 정작 지도자들 자신은 온갖 불미스럽고 타락한 행동들을 자행한다. 대단히 성경을 곡해하는 일이요, 기독교 이름을 빌어 타락하고 방종한 짓들을 자행하는 나쁜 짓이다.

진실하게 정직하게 다시 물어야 한다. 모세가 어떻게 그렇게 할 수 있었는가. 모세의 외면적 태도보다는 내면적 동기와 근원을 성경에서 찾아 내야 한다. 성경은 그것을 말하고자 오늘 우리에게까지 전해오고 있지 않는가.

모세의 인격, 단순한 외면의 온유함에 그쳐 있지 않다. 하나님의 시각, 하나님과의 관계에서 오는 그의 삶과 태도, 행동을 성경은 말한다. 백성들에 대한 자신의 감정과 생각이 중요하지 않다. 그들의 주인은 내가 아니고 그들의 신은 내가 아니기 때문이다. 하나님이 그들의 왕으로써 하나님이 사랑하는 백성이기에, 나역시 하나님 편에 서서 백성들을 대해야 한다. 백성들은 하나님의 자녀이기 때문에, 그들의 아버지는 하나님이시기에, 나는 하나님의 입장에 서서 그들을 대하고 그들을 변호하며 그들의 문제를 해결할 수 있어야 한다.

그래서 모세는 미리암의 문제든 백성의 문제든 그것을 가지고 하나님께 엎드린다. 그분이 이 일의 주도권을 쥐고 있으며 그가 해결해 주시리라 믿기 때문이다. 모세야말로 문제를 키우고 벌이기 보다 문제를 바르게 해결하는 영적 지혜가 있는 이다. 사람의 지혜와 마음의 크기가 얼마나 대단하랴. 유한한 인간의 꼼수로 결코 해결할 수 없는 인생사의 여러 어려움들. 모세는 자기 인격과 실력에서 찾으려 하지 않았다. 하나님께 가지고 나아갔다. 백성의 문제를 들고 청하는 그의 간구는 늘 하나님의 응당한 용서와 은혜를 얻었다.

> "구하옵나니 주의 인자의 광대하심을 따라 이 백성의 죄악을 사하시되 애굽에서부터 지금까지 이 백성을 사하신 것 같이 사하시옵소서. 여호와께서 이르시되 내가 네 말대로 사하노라"(민 14:19).

선한 목자처럼

모세는 백성들의 사건 사고를 해결하는 집행자일뿐만 아니라 민원 들어주고 타당한 법률을 제정하는 일도 감당했다. 십계명을 비롯한 도덕법이나 제사법, 각종 사회 민법 등을 하나님께서 제정해 주셨지만, 수십 수백만이 함께 살아가는 사람 세상에선 늘 새로운 일이 발생하고 상황이 발생하여 그에 적절한 새로운 규칙이 요청된다. 기존의 법으로는 이해하고 해석하기 어려운 일들이 어느 시대 어느 곳에서나 새롭게 대두된다. 슬로브핫의 딸들이 가져온 고민도 그렇다.

므낫세 지파의 한 사람, 슬로브핫은 아들을 낳지 못하고 딸만 5명을 남겨둔 채 죽고 말았다. 아버지 이름이 종족 가운데 삭제되고 딸들로서는 자칫 기업을 물려받을 권한을 잃을 판이었다. 남자 상속자가 없을 경우 그 상속권을 여자라도 받을 수 있게 해달라는 요청에 의해 모세는 또한 하나님께 물어 그 권한을 인정받을 수 있는 규례를 새로 제정한다.

> "너는 이스라엘 자손에게 말하여 이르기를 사람이 죽고 아들이 없으면 그의 기업을 그의 딸에게 돌릴 것이요, 딸도 없으면 그의 기업을 그의 형제에게 줄 것이요, 형제도 없으면 그의 기업을 그의 아버지의 형제에게 줄 것이요, 그의 아버지의 형제도 없으면 그의 기업을 가장 가까운 친족에게 주어 받게 할지니라 하고, 나 여호와가 너 모세에게 명령한 대로 이스라엘 자손에게 판결의 규례가 되게 할지니라"(민 27:8~11).

가나안에 들어가 살아갈 이스라엘은 크게는 각 지파별로, 작게는 각 가정의 모든 남자마다 정당한 땅을 분배받고, 그것을 기초자산으로 하여 모두가 동등하게 살아가는 경제 시스템을 하나님으로부터 부여받았다. 분배받은 땅은 모두가 또한 희년의 원리에 의해 그 가족 내에서만 통용되는 일이었다. '땅'은 본질적으로 하나님의 것이기에, 하나님의 분배와 균형 시스템이 망가져서는 안되는 일이었다. 사람들의 사회에서 정치적 경제적 혼동과 뒤바뀜으로 인해 잠시잠간 소유체계가 무너지라도 곧바로 다시 원래의 균형과 평등한 구조를 유지하는 것이 희년의 원리다.

어느날 아들이 없는 가운데서 슬로브핫의 딸들에겐 이 상속체계와 분배의 평등한 권리 규정이 미흡하여 모세에게 사정한 것이다. 성경에 중요하게 기록되어진 일화이지만, 광야의 이스라엘에, 수천년 각양 각색의 민족과 사회마다 늘상 무수히 있는 일 아닌가. 대한민국에도 그런 법들을 수다히 제정해 달라고 300명 씩이나 국회의원들이 있고, 지자체마다 또 수다한 의원들이 있는 것이다.

필요하면 입법 활동도 해야 하고 또 백성들의 문제가 발생할 때마다 찾아 나서서 해결하고 집행해야 하는 그 모든 일들을 모세는 늘 하나님께 묻고 그의 지침을 받아 행했다. 오늘날 모든 나라마다 정부 시스템이 있고, 의회와 사법체계도 갖췄지만, 당시 광야시대엔 엄두도 못낼 상황이었다. 그 시대 이스라엘과 백성에 대한 지도자 모세로서는 착잡한 심정, 특히 자신이 죽음을 목전에 둔 상황에선 더 도드라질 수밖에 없을 것이다.

"모세가 여호와께 여짜와 이르되 여호와, 모든 육체의 생명의 하나님이시여 원하건대 한 사람을 이 회중 위에 세워서 그로 그들 앞에 출입하며 그들을 인도하여 출입하게 하사 여호와의 회중이 목자 없는 양과 같이 되지 않게 하옵소서"(민 27:15~17).

모세에겐 목자 없는 양같이 기진한 무리를 불쌍히 여기시는 예수님의 마음(마 9:35, 막 6:34)이 있었다. 모세는 백성들의 문제를 들고, 언제나 하나님 앞에 대신 서는 목자의 일생을 감당했다. 그의 일생은 오늘 우리 시대 교회의 목회자들에게, 또 모든 주의 부르심을 받아 목회적 일생을 사는 신자들에게 선한 본으로 남아 있어야 한다. 선한 목자되신 주님처럼, 부족함이 없는 세상 길의 목자되신 하나님처럼.

9

옥에 티

민 20:1~13

대통령과 비선 조직들이 벌인 국정농단과 헌정 질서 파괴는 대한민국을 깊은 혼란과 갈등으로 몰았다. 나라의 지도자가 맡겨진 책임과 역할을 방기하고 사리사욕에 빠져 헛된 욕심 앞세운 일로 얼마나 많은 국민들이 고통에 잠기고 국가의 격이 떨어졌는가. 국민을 피곤하게 하며 분노하게 만들어 단군 이래 최고의 혼란에 빠졌다. 국민이 위임한 권력, 세금으로 공공의 유익을 위해 나라와 백성을 위해 봉사하는 위치가 대통령이다. 그 직분에 주어진 엄청난 권한과 인사 재정권을 사사로이 행함으로 말미암아, 국민들로 하여 상대적 궁핍과 고통을 가하였으니 탄핵은 당연했다. 민주주의와 정의, 정직한 땀과 성실, 도덕과 공정함의 모든 가치들을 지도자와 그 권력집단이 정당하게 집행하고 지키지 못하면, 나라는 어려움에 처하고 국민들의 고충과 불행은 깊을 수밖에 없다.

막강한 영향력을 가진 지도자 한사람이 그만큼 중요하다. 어찌보면 위험스럽기 그지없는 처지이기도 하다. 그래서 잘 견디고 해낼 수 있는 인격과 비전, 능력을 이미 잘 갖춰놓은 사람이라야 나설 수 있다. 여러번 여러모양으로 검증되고 깎여져서 세워진 일군들로 높은 위치에도 자리에도 올라 그만큼 큰 일을 맡아 보는 것이다. 애시당초 그럴 요량도 인성도 아니었는데, 수다한 백성들이란 어리석고 속고 속아주면서 상호 거짓 허세에 대충하며, 자신들도 부도덕한 권력과 돈 챙기느라 눈 멀고 귀 먼 게 사람 세상인 듯하다.

백성으로부터가 아니라 모세는 이를테면 위로부터 내려오는 신적 권력 권위를 지닌 지도자였다. 그러기에 모세는 하나님의 뜻을 따라 그의 부름에 합당하게 처신하고 행동하는 일은 참으로 중요한 일이다. 하나님의 도우심, 그가 모세 콘트롤을 소홀히 하면, 모세인들 얼마든지 사심을 드러내고 엉터리 행세할 수 있는 일이다. 수없는 고난과 어려움 속에서도 40여년이라는 긴 세월을 수백만 백성들의 지도자로서 일관되게 충성하고 잘해낼 수 있었던 모세, 하나님의 간섭과 함께하심이 그만큼 강했고 풍성했음의 반증이다.

성도의 원망 앞에서 지도자는

그런 모세에게도 일생에 오점 하나 남기는 사건이 터지고 말았다. 옥에 티라고나 할까. 순간이나마 하나님의 거룩하심을 훼손하고 그 자신의 인간적 성질 분노를 폭발하고 말았다. 여태 어느 순간에도 자신을 죽이고 용케도 하나님을 드러내고 앞세웠던 그가 바데스 가네아에서 다른한편 묵히고 눌러 놓았던 속 감정을 더 이상 견디지 못하고 터뜨리고 만다.

모세는 사역자요 지도자로서 그의 철학과 삶의 행동은 분명 예사롭지 않았다. 그의 인생 기준점은 백성과 자신 사이에서 오고 간 것으로 하지 않았다. 모세 자신이 아닌 하나님과 맺고 있는 관계가 결정의 근거였다. 백성들을 하나님이 어떻게 여기고 대하시는가를 모세는 중요하게 여기고 지도자로서의 결정과 처신으로 삼았다. 그래서 늘 하나님 편에 서서 백성들에게 말하고 행동하였다. 백성과의 사이에서 있었던 여러 불미스런 일들, 화나고 속상한 일들이 부지기수였지만, 늘상 사사로운 감정 따윈 뒤로 하고 눌러놓고 없는 것처럼 하였고, 하나님의 공의와 긍휼만을 앞세우고 드러내었다. 이스라엘의 영도자 모세의 삶이요 인생이었다. 성경이 그를 온유함이 세상의 최고(민 12:3)라 평판하고, 이 사람은 나의 온 집에 충성한 사람(민 12:7)이라는 하나님의 칭찬이 마땅하다. 이런 모세도 흠을 남겼으니, 바데스 가네아에서 벌어진 일이다. 백성들이 이곳에 물이 없다며 불평한데서 발단이 되었다. 급기야 모세와 다투기까지 했을 정도다. 백성들의 원성이 보통이 아니다.

"회중이 물이 없으므로 모세와 아론에게로 모여드니라. 백성이 모세와 다투어 말하여 이르되 우리 형제들이 여호와 앞에서 죽을 때에 우리도 죽었더라면 좋을 뻔하였도다. 너희가 어찌하여 여호와의 회중을 이 광야로 인도하여 우리와 우리 짐승이 다 여기서 죽게 하느냐. 너희가 어찌하여 우리를 애굽에서 나오게 하여 이 나쁜 곳으로 인도하였느냐. 이곳에는 파종할 곳이 없고 무화과도 없고 포도도 없고 석류도 없고 마실 물도 없도다"(2~5).

문제가 얼마나 심각했던 지 다툴 정도였다. 따지는 정도가 보통이 아니다. 마치 법정에서 논고하는 듯하다. 협박의 정도가 인민재판에서의 단죄하는 수준이라니, 백성들이 처한 상황을 크게 짐작해 볼 수 있다. 이에 대응하는 모세로 하여 또한 예전과 동일하면서도 다른 처신을 유발할 것만 같다. 동일한 것은 백성들의 문제가 발생할 때마다 그랬듯이 모세는 또 하나님께 나아갔다. 언제나 스스로 판단하고 알아서 결정하여 행동하지 않았고 늘 하나님께 가지고 갔던 그다. 회막 앞에서 여호와를 찾은 모세에게 답이 내린다. 하나님의 대답은 분명했다

"여호와께서 모세에게 말씀하여 이르시되 지팡이를 가지고 네 형 아론과 함께 회중을 모으고 그들의 목전에서 너희는 반석에게 명령하여 물을 내라 하라. 네가 그 반석이 물을 내게 하여 회중과 그들의 짐승에게 마시게 할지니라"(7~8).

하나님의 지시는 세가지다. 1) 지팡이를 가지고, 2) 회중을 모으고, 3) 반석에게 명령하라. 이에 대한 모세의 반응을 보자.

"모세가 그 명령대로 여호와 앞에서 지팡이를 잡으니라. 모세와 아론이 회중을 그 반석 앞에 모으고 모세가 그들에게 이르되 반역한 너희어 들으라. 우리가 너희를 위하여 이 반석에서 물을 내랴 하고, 모세가 그의 손을 들어 그의 지팡이로 반석을 두 번 치니 물이 많이 솟아나오므로 회중

과 그들의 짐승이 마시니라"(9~11).

여호와의 명령대로 모세가 행했고, 그 결과로 물이 많이 나와 모든 사람들과 짐승들이 마실 수 있었다. 그런데 그 과정에서 하나님이 분부한 세가지 지시 중에 마지막 세 번째 내용은 사뭇 다르다. 모세는 1) 지팡이를 잡았고, 2) 회중을 모았으며, 3) 반석을 두 번 쳤다. 첫째와 둘째는 그대로 순종하였으나, 셋째 방법은 하나님의 지시를 어긋나게 행했다. 반석에게 명하라 했는데, 치고 말았다. 치면서 모세는 도무지 하나님이 하시지도 않은 말씀까지 덧붙인다. "반역한 너희여, 우리가 너희를 위해 이 반석에서 물을 내랴."한 것이다. 이스라엘 백성에 대한 불편한 감정과 억한 심정이 담겨있다. 이것은 죄다. 그 안에 내재된 성급하고 나쁜 기질이 순간적으로 터져 나왔다. 불순종이며 불신앙이다. 하나님께 대한 반역이요, 그의 명령을 거역한 사건(민 20:24; 27:14; 시 106:32)이다.

예전과 다른 모세의 처신이 이 사건에서 드러났다. 지금까지 그렇게 모든 일에 잘하여 왔는데, 이 한순간의 망령스러운 말 한마디가 그의 인생에 큰 오점이 되었다. 히스기야 왕의 망령된 행동이 마찬가지 일생일대의 실수요 범죄다. 히스기야는 이스라엘 역대 왕 가운데 좋은 평판을 지닌 자다. 그도 한때는 다윗에 견주는 신앙의 영웅이었다. 그가 하나님께 기도하였을 때 해시계의 그림자가 뒤로 십도나 물러난 일도 있었다. 그의 기도를 들으시는 하나님께서 그에게 눈에 보이는 이적을 보여주신 사건이다. 그가 병들어 죽게 되었을 즈음에는 15년이나 수명을 연장시켜주는 복을 얻을 정도였다. 인류 역사에 이런 은혜와 복을 누린 자가 몇이나 되었던고. 히스기야는 또한 개혁자였다. 왕으로서 개혁자로서 신앙적 은혜와 충성의 결실이 풍성한 자였다.

하나님을 늘 앞세워야 하는데

그런 히스기야도 이방나라 바벨론의 사신이 찾아 왔을 때 큰 실수를 범하였다. 이방나라 적들이 일종의 첩보활동을 위해 왔는데, 히스기야는 자기 자랑, 허세 부리는 데 맘을 빼앗겨 왕궁의 모든 창고 보물과 군사기밀을 다 공개해 주고 말았다. 하나님의 일군이요 하나님의 사람으로서 하나님의 영광을 드러내야 할 자가 하나님은 제껴두고 자기 위세 자기 자랑 앞세웠으니 이 어찌 그냥 넘어가랴. 하나님의 선지자 이사야로부터 심한 책망이 따른다.

> "이사야가 히스기야에게 이르되 왕은 만군의 여호와의 말씀을 들으소
> 서. 보라 날이 이르리니 네 집에 있는 모든 소유와 네 조상들이 오늘까지
> 쌓아 둔 것이 모두 바벨론으로 옮긴 바 되고 남을 것이 없으리라 여호와
> 의 말이니라. 또 네게서 태어날 자손 중에서 몇이 사로잡혀 바벨론 왕궁
> 의 환관이 되리라 하셨나이다"(사 40:5~7).

하나님 영광은 가리우고 자기 내세우다 결국 나라 망하고 자손들까지 화

를 당하는 징계를 받게 된다. 잘 하다가도 막판에 실수하고 오버하는 사람들을 자주 본다. 공든 탑이 무너지는 일이다. 젊은 날에는 반듯하고 모범적으로 잘 해 오다가도, 나이 들어 추하게 지내는 걸 많이 본다. 인생은 누구나 한 순간에 무너질 수 있고 시험에 빠져들 수 있는 유혹에서 자유롭지 못하다. 인생 40이면 불혹(不惑)이라는 데 웬걸 40 넘으면 훨씬 더 깊고 다양한 미혹 투성이 세상을 살아가야 한다. 50이면 지천명(知天命)이라는데 하늘 뜻 더 어렵기만 하니, 공자는 갈수록 알기 힘든 말만 늘어 놓았던 것인가. 순간의 방심이 늘 주변에 도사리고 있으니, 베드로의 권면을 가까이 해야 할 일이로다.

"그러므로 너희 마음의 허리를 동이고 근신하여 예수 그리스도께서 나타나실 때에 너희에게 가져다 주실 은혜를 온전히 바랄지어다"(벧전 1:13).

"만물의 마지막이 가까이 왔으니 그러므로 너희는 정신을 차리고 근신하여 기도하라"(벧전 4:7).

"근신하라. 깨어라. 너희 대적 마귀가 우는 사자 같이 두루 다니며 삼킬 자를 찾나니 너희는 마음을 굳건하게 하여 그를 대적하라. 이는 세상에 있는 너희 형제들도 동일한 고난을 당하는 줄을 앎이라"(벧전 5:8~9).

인생 살아가면서 얼마나 많은 유혹과 시험 속에 시달리는가. 그리스도인으로서 신앙적 결단과 용기를 요구하는 일들은 도처에 항상 있다. 순교와 배교의 목숨을 걸어야 하는 일에서부터, 신자의 윤리와 도덕적 결단을 요구하는 작고 태 안나는 사소한 사안들은 수두룩하다. 개인의 신앙과 인격에 대한 시험도 있지만, 여러 사람과 함께 지내고 일하는 공동체 안에서 당하는 어려움, 억울함에 대한 분노나 감정의 골에 빠져들 때도 있다. 모세가 당한 가데스 바네아에서의 시험은 개인적 차원이 아니었다. 이스라엘 백성들의 폭언과 야유는 모세를 향하고 있지만, 실은 하나님에 대한 것이었다. 백성들이 모세에 대드는 것 같아 보여도 속 사정은 하나님께 대들고 있는 형국이다. 모세를 시험하는 게 아니라 하나님을 시험하고 있는 것이다.

그런데 모세는 순간적으로 혼란에 빠져버렸다. 예전에 늘 그랬듯이 저들은 지금 나를 향한 게 아니라 하나님께 대한 수작 부리는 것이니, 이 일을 하나님께 가져가서 하나님께서 어찌 대응하시는 지 묻고 거기에 따라야 했다. 내가 나서지 않고 내가 앞서지 않고 하나님을 먼저 내세우는 것은 모세가 참 잘하는 일이었다. 그런데 오늘 여기서는 주제를 잃어 버리고 분수에 차지 않는 과오를 범하고 만 것이다.

하나님의 말씀과 거룩함을 회복

가데스 바네아는 예전에 유명한 사건이 일어났던 곳이다. 광야 초기 열두 정탐군을 보냈던 곳인데, 불신 섞인 보고로 인해 큰 화를 당했다. 가나안에 바로 가지 못하고 수십년 광야에서 방황하는 세월을 보내야 했고, 출애굽 세대는 다 가나안에 들어가지 못하는 징벌을 받았다. 민수기 20장은 출애굽 40년째로 마지막 때이다. 이제 곧 가나안 들어가는데 마지막에 이르러 출애굽 세대인 미리암이 이곳에서 죽고(1절), 아론 역시 가데스를 다시 떠나 호르 산에 이르렀을 때 죽었으며(민 20:28), 백성들의 입에서 자기 부모 형제들이 광야 여정 중에 숱하게 죽어 나가는 것(2절)을 말하게 하므로, 성경은 징벌이 실제 다 이뤄지고 있음을 증거한다.

그 불미스런 역사의 현장, 가데스 바네아에서의 불신 사건이 이번에는 지도자 모세에게서 발생한다. 이곳은 원래 샘이 많이 있어 물이 충분한 오아시스였음에도 그 해에는 가뭄이 심했던 듯하다. 이를 해결해 달라는 백성들의 탄원과 원망 과정에서 모세는 하나님이 시키지도 않는 일을 벌이며 역정을 부리고 만다. 반석에게 명하라 했는데, 회중들을 향하여 분노와 역정 섞인 성질을 부린 것이다. 어쨌든 결과로는 물을 내게 하여 회중들이 목마름을 해결할 수 있었지만, 이 과정에서 일어난 모세의 행동에 대해 하나님은 간과하지 않으신다.

> "여호와께서 모세와 아론에게 이르시되 너희가 나를 믿지 아니하고 이스라엘 자손의 목전에서 내 거룩함을 나타내지 아니한 고로, 너희는 이 회중을 내가 그들에게 준 땅으로 인도하여 들이지 못하리라 하시니라. 이스라엘 자손이 여호와와 다투었으므로 이를 므리바 물이라 하니라. 여호와께서 그들 중에서 그 거룩함을 나타내셨더라"(12).

모세의 언행에 대해 하나님은 그의 거룩함을 나타내긴 커녕 훼손하였다고 질책한다. 신뢰하지 못하고 사람의 혈기를 앞세워 방자히 행한 것에 대한 지적이다. 교만은 불신앙의 대표적 범죄이며 하나님의 거룩하심을 망그지르는 행위이다.

하나님은 이에 대하여 아론과 모세를 벌하셨다. 하나님 거룩을 훼치는 자에 대한 댓가를 분명하게 보여준다. 그러면서도 백성들에겐 요구대로 물을 공급해 주시므로 당신의 거룩함을 또한 증명하신다.

그런데 이 부분을 어떻게 받아 들여야 할까. 모세가 하라는 대로 하지 않고 하나님의 진노를 샀다면, 응당 물도 나오지 말아야 하는 게 아닌가. 그게 상식이고 합리적인 결과 아닌가. 그런데 모세는 벌을 받고 백성들은 별 탈 없이 물을 마시게 되는 이 현장을 어떻게 받아 들여야 하나. 백성들은 가축에게 물을 먹이고 자신들도 시원스레 마시면서 동시에 께름칙하지 않았을까. 성경을 읽는 우리도 혼란에 잠시 빠진다.

하나님이 하라는 대로 하지 않아도 물이 나왔으니, 모세가 하나님보다 우위에 있는 것인가. 하나님 방식에서 벗어나도 결국엔 좋은 결과를 내었으니 복이고 은혜런가. 말씀을 소홀히 해도 교회가 부흥하면 다인가. 말씀을 제대로 지키지 않으면서도, 세상 물정대로 대충 눈 감고 거짓 장부 써가며 그저 외형만 키우고 풍족한 결실만 챙겨 먹으면 그게 은혜이고 감사제목인가. 긍정의 힘과 잘못된 축복 논리로 성장과 부흥의 시대를 달려온 한국교회는 정녕 하나님의 은혜와 거룩함에 어떻게 비춰 보아야 하나. 하나님이 물을 내려 주시는 은혜를 베푸셨지만, 모세에 대한 징계를 내린 일에 대해 오늘 우리는 깊은 이해와 반성이 필요하다. 긍정과 기복으로 채워진 오늘 한국교회 안에 하나님 말씀과 거룩함이 새삼 요청된다.

신자의 삶에 있어서 가장 중요한 덕목은 하나님의 영광과 거룩하심을 드러내는 일이다. 그럼에도 막판에 이르러 하나님 거룩하심을 나타내지 않았다고 질책 받았을 때, 모세는 얼마나 뜨끔하고 가슴 철렁했을까. 그가 출애굽의 영도자로 호렙산 떨기나무 앞에서 처음 부름 받던 장면을 새삼 기억했으리라. 그 불꽃 가운데 나타내신 하나님께서 최초로 확인시켜 주신 내용이 하나님은 거룩하시다, 였지 않나. 하나님 첫 대면하였을 때 확인했던 것이 그의 거룩하심이었고 이는 그의 남은 인생 내내 광야의 이스라엘 가운데서 확인하고 증명해 내야 하는 일이었다. 그래서 지금까지 고군분투하며 그 책무를 잘 수행하여 왔는데, 마지막 즈음에 실패하고 만 것이다.

오늘날 교회의 지도자요 목사로서 공동체를 대표하는 모든 이에게 중요한 교훈을 준다. 누구든 얼마든지 순식간에 넘어질 수 있고, 이런 유혹은 늘 따라다닌다. 고역스런 일이고 지치지 않고 승리하기 위해선 고난을 감수해야 하는 일이다. 지도자로서 스스로를 잘 관리하길 당부하는 사도 바울의 고뇌에 찬 권면을 현대 교회 지도자들이 늘 되새겨야 할 일이다.

"그러므로 나는 달음질하기를 향방 없는 것같이 아니하고 싸우기를 허공을 치는 것같이 아니하며, 내가 내 몸을 쳐 복종하게 함은 내가 남에게 전파한 후에 자신이 도리어 버림을 당할까 두려워 함이로다"(고전 9:26~27).

10

온유한
사람

민 12:1~6

모세는 온유한 사람이다. 이 세상의 어떠한 사람보다 훨씬 더 온유한 자라 하나님이 칭송하는데, 과연 성경이 말하는 모세 '온유'함의 실체가 뭘까? 무슨 뜻과 의미를 지닌 걸까? 단순히 성격이 부드럽다거나 하나의 인격적 덕목일는지, 그리고 그 모세의 온유함은 타고난 성품일는지 제대로 살펴 보아야 한다. 자, 이제 여기선 그 말많은 모세의 '온유'함을 팩트 첵크 제대로 해보자.

민수기 12장 아론과 미리암이 모세를 비방한 사건에서 이 말이 나왔다. 모세가 이방인 여자와 결혼한 사례를 빌어 벌어진 일이 발단이었다.

"모세가 구스 여자를 취하였더니 그 구스 여자를 취하였으므로 미리암과

아론이 모세를 비방하니라. 그들이 이르되 여호와께서 모세와만 말씀하

셨느냐. 우리와도 말씀하지 아니하셨느냐"(1~2).

모세가 구스 여자와 재혼한 일은 아무 문제되지 않음에도 미리암이 주동하여 이를 비난하였다. 더 큰 미리암의 불만은 하나님에 대한 불만과 질투

심 때문이었다. 명색이 미리암도 선지자이고 아론은 우림과 둠밈으로 판결하며 흉패를 부착한 옷을 걸쳐 입은 대제사장이다. 둘 다 모세와 더불어 이스라엘을 이끌어 왔고, 하나님 앞에서 동일한 사역자로 함께 수고하며 지금껏 지내왔다. 그런데 이들은 그동안 같은 사역자이면서도, 늘 뭔가 모세에 비해 하나님이 부족하게 대해 준 것에 불만이 있었다.

그들에 대해서 하나님께서는 두가지 방식으로 자신을 보여 주셨다.

"너희 중에 선지자가 있으면 나 여호와가 환상으로 나를 그에게 알리기도 하고 꿈으로 그와 말하기도 하거니와"(6).

하나는 환상이요, 둘은 꿈이다. '환상'은 인간의 외적 감각이 인지하는 초자연적인 광경을 통해, '꿈'은 인간의 내면 사고 작용과 감각을 통해 각기 하나님의 뜻을 보고 인지하여 인간에게 전달하는 매개이다. 이런 방법들은 간접적이다. 그런데 사람은 보다 직접적인 방식을 더 찾는다. 우리 신자들도 그렇지 않은가. 보다 더 직접적으로, 우리 육신의 눈으로 볼 수 있고, 내 손으로 만질 수 있기를 원한다. 구체적이고 물리적으로 하나님 뜻을 확인할 수 있기를 늘 소원한다. 모세에게 대해 주셨던 하나님의 방식이다.

"그와는 내가 대면하여 명백히 말하고 은밀한 말로 하지 아니하며 그는 또 여호와의 형상을 보거늘"(8).

모세에게는 직접 대면하여 말씀하시는 하나님께서 상대적으로 미리암과 아론에게는 전혀 배제하셨다. 두 사람의 불만이었다. 하나님 반응이 예사롭지 않을 듯 하다.

"여호와께서 이 말을 들으셨더라"(2).

지금 네 하는 말투가 뭐냐. 이런 버르장머리 하곤! 하나님의 감정이 순간 격하여 진다. 레이저 눈빛으로 쏘아 보면서 말이다. 결코 그냥 지나치지 않겠다는 복선이다. 그런데 바로 이어서는 전혀 앞 뒤 안맞는 말씀을 먼저 하신다.

"이 사람 모세는 온유함이 지면의 모든 사람보다 더하더라"(3).

지금 미리암과 아론은 1차적으로 모세에게 항변하고 따지고 있다. 얼굴 대놓고 비방하는 이들 앞에서 아마 모세는 상당히 기분 상하고 화가 났을 터이다. 그런데 성경은 모세가 그에 대해 어떻게 맘 상하고 대꾸나 반응했는 지에 대해선 전혀 함구다. 오히려 하나님이 꼭 찝어서 들으셨다는 어투로 강조하고 있다.

성품이 아니라 신앙적 자세

사람이기에 당장에는 화도 나고 뭔가 변명이든 질책이든 모세로서도 반응이 있었겠지만, 궁극적으로 그의 대꾸는 그다지 중요하지 않게 보였는 지 모른다. 평소에 자주 그랬듯이 이내 자신을 추스르고, 하나님께 내어 맡기는 모습을 또 보였으리라. 대신 하나님께서 이 부분을 간과하지 않으시고 또 그 분이 나서서 해결을 하신다. 모세는 이 남매의 도전과 대항이 겉으로야 자신을 향하고 있지만, 속으로는 하나님께 향하고 있음을 분별한다. 어찌보면 타의 추종을 불허하는 막강한 권한과 책임 위탁받은 자의 마땅한 자세요 태도이리라.

자신의 말 한마디 한마디, 일거수 일투족은 다 하나님으로부터 나온 것이요, 거기에 자신은 충성할 뿐이니 그 과정과 결과에서 일어나는 모든 칭찬이든 상벌도 마땅히 다 하나님 몫이라 여긴다. 그런 삶의 태도와 자세를 성경은 눈 여겨 본다. 그 모습을 일컬어 '온유하다'고 표현하는 것이다.

모세의 '온유함'은 성품이나 인격에 비추어 판단한 게 아니라, 모든 만사를 하나님께 맡기고 충성하는 신앙적 면모를 기준삼아 표현한 것이다. 성질이 부드럽고 격하고의 문제가 아니라, 일의 모든 질서, 삶의 우선순위에 하나님을 두고 있는 지에 대한 문제다. 조금 뒤에 가면 모세더러

"내 온 집에 충성한 자"(7).

라 평가한다. 이런 정황에서 우리는 모세의 온유함이란 모세의 신앙, 하나님께 맡기며 그에게만 충성하는 신앙 면모와 관련한 평가라 할 수 있다.

그는 사실 성품으로는 때로 매우 거칠고 과격하다. 맘에 안든다고 심지어 사람을 죽이기도 했잖은가. 한편으론 과격한 태도를 보이는 사람이 가장 하나님 중심적으로 살기도 한다. 하나님을 우선순위로 놓고 하나님께 충성하기에 세상에 대해선 과격하게 대응하고 뻗치기도 하는 것이다. 불의하고 악한 정권에 맞서서 하나님의 정의를 외치고 백성들의 고통을 대변하는 선지자의 자세가 어떠해야 할까. 헌정 질서를 망가트리고 나라를 혼란에 쳐 놓고도 개인의 영달과 안위만 내세우는 권력자와 지도자들이 모인 조찬기도회에서 목사라 하는 이들은 무슨 설교를 어떻게 전해야 하는 걸까. 하나님 편에 서서 하나님 이름으로 사는 목회자요 설교자라면 그 삶과 신앙의 내용과 기준에 합당하게 때론 부드러운 목소리와 태도로 권면하기도, 혹 때론 매우 거칠고 강경한 어조로 경고하기도 하는 것이다. 겉모습의 방법보다 훨씬 더 중요한 것은 시대와 상황은 늘 다르고 변화무쌍해도 변치않는 절대 불변의 하나님에 대한 기준이다. 그에 맞춘 삶의 다양한 모습들이 충성으로 적합하게 드러날 때 그의 삶과 신앙은 "온유하다" 평가받는다.

나병과 뱀

미리암은 나병에 걸려 눈과 같이 되고 말았고 아론도 문둥병에 걸렸다.

미리암은 병세가 상당히 심각한 수준이다. 유일하고도 우월한 모세 리더십에 대한 도전에 대해 분명하고도 물리적인 댓가의 표적인 셈이다. 모세가 처음 지도자로 내세워질 때 보여준 표적과 기이하게도 겹치는 면을 볼 수 있다.

"여호와께서 그에게 이르시되 네 손에 있는 것이 무엇이냐. 그가 이르되 지팡이니이다. 여호와께서 이르시되 그것을 땅에 던지라 하시매, 곧 땅에 던지니 그것이 뱀이 된지라. 모세가 뱀 앞에서 피하매 여호와께서 모세에게 이르시되 네 손을 내밀어 그 꼬리를 잡으라. 그가 손을 내밀어 그것을 잡으니 그의 손에서 지팡이가 된지라"(출 4:2~4).

"여호와께서 또 그에게 이르시되 네 손을 품에 넣으라 하시매, 그가 손을 넣었다가 내어보니 그의 손에 나병이 생겨 눈 같이 된지라. 이르시되 네 손을 다시 품에 넣으라 하시매, 그가 다시 손을 품에 넣었다가 내어보니 그의 손이 본래의 살로 되돌아왔더라"(출 4:6~7).

하나님께서 모세를 부르시고 이스라엘의 지도자로 세우시면서 그 표적을 두 가지로 확증시켜 주셨다. 지팡이로 뱀을, 그리고 문둥병이 눈처럼 희게 된 표적이다. 모세의 리더십 권위 부여하는 하나님의 의지였다. 그걸 의심했던 모세에게 문둥병이 내렸듯, 여기 모세의 리더십을 부정하려는 미리암에게 동일하게 문둥병이 내린 것이다. 마찬가지로 모세의 권위 옹호하는 이적으로 뱀 사건이 있었듯이, 광야에서 모세의 권위 의심하는 백성들에게 내려진 뱀 사건(민 21:4~9)은 의미심장하다.

제사장의 모습

비방과 질투를 당하며 권위에 심각한 도전을 받는 모세는 모든 일을 하나님께 맡기되, 자신이 또한 해야 할 책임과 몫에 충성한다. 자신도 격한 감정과 분노에 사로잡힐 수 있는 상황에서 자기 존재에 대한 분명한 정체성을 가지고 그에 어울리는 행동을 묵묵히 해내는 것은 참으로 귀하다. 민수기 12장에는 모세의 딱 한마디 말이 한 절로만 나온다.

"모세가 여호와께 부르짖어 이르되 하나님이여 원하건대 그를 고쳐 주옵소서"(13).

질투와 비방으로 패역한 짓을 한 미리암이 징벌 받아 문둥병으로 고통스러워할 때 모세는 이를 고소하게 여기지도 냉소하며 무시하지도 않았다. 그는 제사장으로서 하나님께 간절히 구한다. "부르짖다"를 반복하여 그의 진심과 간절함을 그대로 드러낸다.

살다보면 우리 주변엔 얼마나 꼴보기 싫고 저주하고 싶은 인간들이 많은가. 괜히 날 힘들게 하고 못되게 굴고 해코지 하는 사람들 투성이다. 도무지 용서할 수 없고, 할 수 있다면 보복하고 본때 보여 주고픈 일들이 많다. 엉터리 같고 도무지 날 생각해 주긴 커녕 배신 때리고 고역스럽게 하는 세상의 나쁜 것들을 비난하고 저주하고 싶은데, 주의 이름 빌어 심판해 버리고 싶은데, 그럴 수 없는 노릇이다.

모세를 기억하여 경각심 세우고 배울 일이다. 세상 슬픔과 악함 보듬고, 대신 하늘의 용서와 자비를 구하는 제사장의 책임이 있지 않는가. 모세의 온유함은 타고나지 않는다. 만들어 가는 일이다. 하나님의 백성으로 살아가는 자라면, 사람들로부터 당하는 숱한 문제 있을 때마다 그 사람에게 즉각적으로 되돌려 풀어선 안된다. 하나님과의 문제로 여기고 하나님 앞에서 묻고 답을 얻는 우선순위의 태도와 삶이 있어야 한다. 그것이 충성이요 온유함이다.

미리암은 결국 진 밖에 쫓겨나 이레 동안 지내야 했다. 나병과 피부병 환자에 대한 하나님의 처방이요 이스라엘 공동체가 으레껏 지켰던 규례였다.

"피부에 색점이 희나 우묵하지 아니하고 그 털이 희지 아니하면 제사장은 그 환자를 이레 동안 가두어 둘 것이며"(레 13:4).

"이스라엘 자손에게 명령하여 모든 나병 환자와 유출증이 있는 자와 주검으로 부정하게 된 자를 다 진영 밖으로 내 보내되, 남녀를 막론하고 다 진영 밖으로 내 보내어 그들이 진영을 더럽히게 하지 말라. 내가 그 진영 가운데에 거하느니라 하시매, 이스라엘 자손이 그같이 행하여 그들을 진영 밖으로 내 보냈었으니 곧 여호와께서 모세에게 이르신 대로 이스라엘 자손이 행하였더라"(민 5:2~4).

갓난 아기 적부터 그렇게 자신을 돌보아 주던 친누나요, 자신에 버금하는 이 공동체의 선지자인데, 그 미리암이 공동체 밖으로 쫓겨난 상황을 보는 모세의 심사가 평안할 리 없으리라. 그 기간동안 가까이 하지 못할망정 멀찍이서나마 안부를 걱정하고 기다리는 모세의 우두망찰한 모습이 안봐도 비디오다. 그것은 마치 나일강에 빠진 모세의 상황을 지켜보며 안절부절 애타하는 어린 날의 미리암(출 2:4) 모습이다. 100년 넘는 시차를 두고 상황은 역전되었으나, 그 생명의 안위 공감하는 심정은 똑같은 것이다.

"여호와께서 모세에게 이르시되 그의 아버지가 그의 얼굴에 침을 뱉었을지라도 그가 이레 동안 부끄러워 하지 않겠느냐. 그런즉 그를 진영 밖에 이레 동안 가두고 그 후에 들어오게 할지니라 하시니, 이에 미리암이 진영 밖에 이레 동안 갇혀 있었고, 백성은 그를 다시 들어오게 하기까지 행진하지 아니하다가 그 후에 백성이 하세롯을 떠나 바란 광야에 진을 치니라"(13~16).

이스라엘 안에서 비교적 중한 범죄를 저지른 경우, 그 아버지나 형제들이 그에게 침을 뱉어 모욕을 주는(신 25:9) 것으로 징벌하였다. 범죄자에겐 이 모욕을 당하는 일정한 기간을 통해 자신을 돌이키고 새롭게 하도록 했다.

마찬가지로 미리암에게도 이 7일이라는 격리 시간은 필요했다. 성역이 있을 수 없다.

굳이 7일의 기간이란, 이스라엘에서 일반적으로 '완전함'을 뜻하는 숫자이듯, 범죄가 하나님으로부터 완전히 차단되고, 완전한 참회를 통해 제대로 회복된다는 의미이다.

그 기간동안 백성들은 또한 기다려 주는 배려를 잊지 않았다. 이스라엘은 행군을 중단한 것이다. 말이 좋아 기다림이지 사실은 중단하고 머뭇거리는 일이요, 상대적으로 후퇴한 거나 마찬가지다. 한 사람의 죄로 말미암아 겪는 공동체의 댓가는 크다. 영향력있는 지도자의 범죄가 더 그렇다. 교회 안의 평범한 한 성도의 실수나 허튼 짓도 있어서는 안될 일이거니와, 특히나 장로와 목사처럼 영향력이 큰 지도자의 못난 태도나 자행은 더욱 있어선 안될 일이다.

성장과 축복의 열매로 가진 게 많고 지닌 게 많아진 오늘의 한국 교회가 그것 때문에 외려 신앙의 가치를 잃어버리고 소홀히 하는 일이 많아지고 있다. 하나님 대신에 '돈'과 '명예'가 더 들어차 앉아 이전투구 벌이거나 불순하고 참람한 죄들로 인해 교회 거룩이 훼손되고 공동체가 찢기는 불상사가 곳곳에서 터지고 있다.

오늘날 한국 교회를 향해 모두가 우려섞인 말들을 한다. 심하게는 망해가고 있다고 역사가 다했다고 비관한다. 그러나 교회는 이제야 말로 교회다워 지고, 하나님의 신자가 신자다워질 수 있는 새로운 전환의 기회라 여긴다. 교회와 신앙, 혹은 신학은 오늘 한국 교회와 우리 사회에 직면한 시대적 질문을 정직하게 던지고, 이에 또한 정직한 대답을 성경을 통해 내놓아야 한다. 큰 전환기에 처한 이시대 교회에 공적 책임감과 역할 수행의 바른 길을 찾아 몸부림쳐야 할 것이다.

그 가장 큰 줄기는 하나님에 대한 바른 앎으로부터 다시 출발하는 일이다. 성경에 대한 정직한 이해와 해석, 강단의 진실한 선포로부터 시작하는 일이다. 기복과 번영의 맘몬 부추기는 모습에서 떠나 진실로 참된 하나님에 대한 신앙과 댓가로 주어지는 고난의 수고를 기꺼이 감당하는 일이다. 갖은 수모와 적대 앞에서도 견디며 그 모든 것들을 하나님께 가져와 부르짖는 모세의 삶이 오늘 소중한 귀감이다.

사람의 기질이나 성품, 어떤 행위가 본질이 아니다. 누가 뭣을 얼마나 잘하고 대단한 성과를 지니는 지가 우리 신앙의 척도가 아니다. 세상에서 지닌 명예와 실력이 결코 교회 공동체를 다 제대로 세우는 것은 아니다. 믿음과 충성으로 만이 신자의 삶이 일궈지고 교회가 이뤄지는 것이다. 성경이 말하는 '온유한 자'들로, 모세를 뒤잇는 묵묵한 주의 백성들로 한국교회의 건강한 물줄기가 채워지리라.

11

축복하는
사람

신 33:1, 29

유종의 미(有終之美), 항상 끝이 좋아야 한다. 마지막 그 한 순간까지도 초심의 마음과 태도로 최선의 성실함을 유지하는 게 아름답다. 하지만 우리가 살아 오면서 얼마나 끝이 좋은 경우가 많이 있기나 했던가. 대부분 아쉽고 불미스럽게 마치는 경우가 많다. 특히 인간관계에서 오는 실패가 그렇고, 해오던 일들의 지겨움이 더 이상 감당 안 되어서 흐지부지하는 경우가 많다.

사람마다 세상을 달리할 마지막 순간이 온다. 그때 나는 무슨 말을 사람들 앞에, 세상 앞에 남길 수 있으려나. 유가족들을 앞에 놓고 나는 무슨 마지막 말을 할 수 있을까. 내 자식들이야, 늘 부족함이 많고 어려움 있어도 악담하거나 나쁜 말 남기진 않을 것이다. 그런데 가족이 아닌 다른 사람들에게, 더욱이 기억 속에 별로 안 좋은 사람들을 떠올린다면 그에게 무슨 말을 남기고 무슨 남아있는 감정을 토로할 수 있을까. 어차피 떠나는 마당인데 다 용서하고 가야지,라고 털어버릴 지는 모르지만, 쉬운 일이 아니리라. 하물며 나에게 못된 짓을 많이도 하고 원한에 사무칠 정도로 나빴던 사람들에겐 더 어려운 일이다.

많은 사람들이 죽어가면서까지 저주와 원한 섞인 악담을 쏟아내는 게 많다. 사람이 가진 한계요, 죄성 지닌 인간들의 이기적인 악함 때문이다. 평상시에도 늘 입에 거친 욕설과 험한 소리가 그냥 나오는 사람들, 살아온 인생이 늘 힘겹고 고단하고 어려웠던 까닭이 크다. 사람들로부터 관심과 사랑을 제대로 못 받아온 인생. 늘 시달리고 행패당한 인생. 다수 사람들의 모습이다. 그러니 죽음의 순간에도 좋은 말 남기고 떠날 수 있는 사람은 드물다.

반대로 생명의 말을 남기고 아름다운 유언을 남길 수 있는 이는 행복한 사람이다. 비단 죽음의 순간이 아니라도 평상시에도 늘 좋은 말, 사람에게 용기를 주고 따뜻함을 줄 수 있는 말과 행동으로 살아가는 사람은 참 복된이다. 예수 신자로 살아가는 성도들이야말로 그리 살도록 노력하고 애써야 할 것이다. 말씀의 사람, 기도의 사람이라면 사도 바울의 권면을 따라서 자신의 삶의 모습이 남들에게 아름답게 보여야 할 것이다.

"주 안에서 항상 기뻐하라. 내가 다시 말하노니 기뻐하라. 너희 관용을 모든 사람에게 알게 하라. 주께서 가까우시니라"(빌 4:5~6).

기독교인은 종말론적 신앙을 가지고 사는 이들이다. 예수 재림 사모하며 사는 신자라면, 오늘 관용의 미덕을 지니고 모든 사람들을 대하며 살아가는 것이다. 평상시에도, 그리고 우리가 살다가 다가오는 어떤 결정적, 마지막 순간에도 우리 자신에게서 세상을 향한 관용, 용서와 사랑, 더하여 축복의 메시지를 남길 수 있는 인생이 되어야 하리라.

마지막 메시지는 축복

신명기는 모세의 설교이다. 세 번에 걸친 긴 설교를 마치고 이제 34장에서 모세는 죽음을 맞이한다. 그 죽음을 앞에 두고 33장에서 모세는 마지막 메시지를 주는데, 이스라엘 12지파에 대한 축복으로 채워져 있다. 모세의 마지막 말씀이 축복의 선언이라는 게 참 의미깊다. 창세기 말미에서 야곱이 역시 마지막으로 열 두 아들을 두고 축복하였던 메시지(창 49장)처럼 모세도 죽음을 바로 눈 앞에 두고 있는 지경이다.

그의 인생 120년의 긴 종지부를 마침내 찍어야 한다. 그동안 수십, 수백만의 사람들이 죽어 나가는 것을 지켜 보았다. 남이 죽어가는 것은 그러나 보다 했는데, 이제 정말 자신도 그렇게 이 세상을 떠나야 하는 상황을 마주치고 있다. 죽음 너머에 대한 세상, 사실 잘 알지 못하면서 막연한 기대, 혹은 나름 신실한 믿음의 눈으로 담담히 대한다. 이런 지경에서 모세가 그의 인생 마지막으로 남겨진 백성들에게 무엇을 말할 수 있으려나. 돌아보면 이 백성들과 기쁘고 좋으며 흥분 만땅한 일도 많았지만, 참 고달프고 힘들고 배신주고 속 썩이는 자들이었다. 그리고 모세는 자신이 죽고 난 후, 이 백성들이 가나안에 들어가서도 얼마나 별 수 없이 엉터리로 살아갈지도 잘 알고 있었다.

"또 여호와께서 모세에게 이르시되, 너는 네 조상과 함께 누우려니와 이 백성은 그 땅으로 들어가 음란히 그 땅의 이방 신들을 따르며 일어날 것이요, 나를 버리고 내가 그들과 맺은 언약을 어길 것이라"(신 31:16).

"내가 너희의 반역함과 목이 곧은 것을 아나니 오늘 내가 살아서 너희와
함께 있어도 너희가 여호와를 거역하였거든 하물며 내가 죽은 후의 일이
랴"(신 31:27).

상황이 이러니 보통의 사람들에게선 좋은 소리 나오기 어렵다. 외려 야
단 정도가 아니라 욕하고 저주내려도 모자람이 일반 사람들의 대응이다.
헌데 모세는 참 뜻밖이다. 그는 이 백성들이 어떠한 지 너무나 잘 알고 있
고, 숱하게 당해온 바다. 생각하면 할수록 치가 떨리고 부아 넘치고 넘친다.
이런 자들을 앞에 놓고 죽음의 순간에 뭐라 말하며 어떤 태도를 남길 수 있
단 말인가. 모세는 지금 죽음을 앞두고 이 엉터리 미덥지 못한 백성들 앞에
서 남기는 말을 들어보자.

"하나님의 사람 모세가 죽기 전에 이스라엘 자손을 위하여 축복함이 이
러하니라"(1).

그들을 향해 축복하는 모세. 우린 그의 모습에서 또 무엇을 느끼고 이해
할 수 있을까. 그의 인격이 참 고매하기 그지없고, 참 훌륭한 사람이라고 생
각해야 하나. 그는 아량이 참 넓구나, 그렇게 추앙만 해야 하나. 또한 숙명
론자처럼 그는 지도자니까, 그에겐 그럴 역할과 책임있으니까 당연히 그래

야지,라고 간주하고 말아야 하나.

이런 이해는 인간적 수준에 머무는 일이다. 성경의 인물이나 사건을 통해 이렇게만 느끼는 이해 수준은 신앙의 정도를 세우는 데 오히려 장애가 된다. 도덕적 인격적 차원에 젖어있는 해석과 설교 때문에 얼마나 한국교회의 영적 수준이 약화되어 있고 본질로부터 벗어나 있는 처지인가.

하나님 백성이 되기 위해

나는 어릴 때부터 집에서 혼자 교회 다니고 예수 믿었다. 일요일 아침예배부터 시작해서 저녁예배, 학생회예배는 물론, 수요예배와 금요예배, 어떤 땐 새벽예배까지 어린 나이에도 꼬박꼬박 다녔다. 육신의 부친은 그게 못마땅하셨다. 자식이 교회 다녀서 착한 사람되는 일에 도움이 되리라 여기셨지만, 그렇다고 허구헌 날 교회 나가고 예배 다 참석하는 건 못마땅히 여기셨다. 야단을 많이 하셨다. 아버지의 사고와 인생 속에는 종교 생활은 착한 사람되는 데 있다고 여기셨을뿐, 푹 빠져 지낼 정도까지 할 필요는 없다는 것이었다.

그런데 교회는 착한 사람 될려고 다니는 게 아니다. 하나님의 백성이 되고 예수 제자가 되기 위해 열심히도 다니고 모든 예배를 귀하게 드리는 것이다. 도덕적인 사람, 훌륭한 사람될려고 성경 읽고 배우는 게 아니다. 그런 식으로 이해하고 설교해서는 2%가 아니라 상당히 부족하고 궤도를 이탈한 것이다. 하나님을 만나야 하고 예수의 정신과 삶을 가르치고 말할 수 있어야 한다. 하나님 나라의 백성으로서 그 도리와 본질을 깨우쳐 주고, 하나님의 정의와 사랑을 오늘 살아가는 각자의 현실에서 실현하도록 애써 살아야 한다고 설교해야 한다.

오늘 모세는 이스라엘을 축복한다. 그의 인격이나 아량, 성품의 문제가 아니다. 이는 하나님 때문에 하나님과의 관계에서 나온 말이요 삶이다. 이스라엘은 누구인가. 개인적으로는 한없이 속상하고 성질뻗치는 족속들이지만, 그들은 하나님의 사람들이요, 하나님의 백성들이다. 나 개인과의 관계보다 하나님과의 관계를 더 먼저 생각하고 주목한다. 그러기에 나로선 마땅히 그들을 하나님의 마음으로 대하며 하나님의 기쁘신 뜻을 따라 축복하는 것이다. 그들은 내 백성이 아니고 내 부하도 아니고 내 사람들이 아니라 하나님의 사람들이니까.

이들이 전에 금송아지 사건 일으켰을 때, 하나님께서는 너무도 화가 나서, 그들을 '모세, 네 백성'이라 극구 힐난하였던 적이 있다. 그때에 모세는 그 말씀을 일부러 기억하여 '하나님 백성'인 것을 반복하여 강조하였다.

"모세가 그의 하나님 여호와께 구하여 이르되, 여호와여 어찌하여 그 큰 권능과 강한 손으로 애굽 땅에서 인도하여 내신 주의 백성에게 진노하시나이까. 어찌하여 애굽 사람들이 이르기를 여호와가 자기의 백성을 산에서 죽이고 지면에서 진멸하려는 악한 의도로 인도해 내었다고 말하게 하시려 하나이까. 주의 맹렬한 노를 그치시고 뜻을 돌이키사 주의 백성에게 이 화를 내리지 마옵소서"(출 33:11~12).

'주의 백성'(11), '여호와 자기의 백성'(12), '주의 백성'(12)이라 강조하여 반복하며 어찌보면 광야의 이스라엘이 가장 위기에 처했을 때 더욱 간곡히 간청하는 모세의 모습을 본다. 모세는 이스라엘 백성들의 신분에 대한 정확한 지식과 이해를 갖고 있었다. 동시에 숱한 경험치에 의해 그들이 얼마나 신분에 안 어울리는 반역과 배도를 일삼는 지도 정확히 알고 있었다.

그들의 이율배반을 알고 드러내는 데도 어쨌건 그들은 하나님의 백성이요, 하나님이 택하신 자들이니 모세는 마땅히 그 주인되신 하나님을 생각하고 그분의 입장에서 서서 말하고 외치는 것이다.

하나님의 사람

우리 모두는 하나님의 사람들이다. 그의 백성이다. 내 아내는 하나님의 아내이고, 내 남편은 하나님의 남편이다. 내 자식은 하나님의 자식이고, 내 부모는 하나님의 부모이다. 종종 내 아내가, 내 남편이 살다보면 맘에 안차고 불편하다고, 성가시거나 귀찮다고, 잘 하지 못하고 방해만 된다 해서 남 대하듯 하고 멀리하고 버리면 그것은 옳지 않다. 하나님 앞에서 범죄하는 것과 같다. 내 가족도 주변도 다 하나님의 사람들이니 하나님 대하듯 언약 관계를 돈독히 하며 하나님의 위로와 격려와 사랑으로 함께 애쓰며 노력해야 한다. 내 자식이 말 안듣는다고, 엉터리라고 무작정 인간의 감정과 한계로 야단치고 몰아붙이지 말고, 하나님의 자녀이니 하나님 앞에서 바르게 교훈하고 가르칠 수 있어야 한다. 하나님을 우선순위에 두며 모든 관계를 해나갈 때 나 자신도 보다 바르고 좋은 모습으로 살아갈 것이다. 내가 먼저 하나님의 사람이 되어야 한다. 하나님의 편에 서서 사는 인생이 되어야 한다. 그것이 신자의 삶이요 참된 복이다.

모세는 하나님의 사람(1)이라는 자의식이 분명했다. 모세가 유일하게 남긴 시편 90편의 표제어는 "'하나님의 사람' 모세의 기도"라 했다. 시편의 여러 저자들이 나오지만, 모세에게 만 붙여진 유일한 묘사다. 이 칭호는 하나님 뜻을 전하는 선지자에 대한 일반적인 별명으로 사무엘(삼상 9:6), 르호보암 시대의 스마야(왕 12:22), 엘리야(왕하 1:9, 13), 엘리사(왕하 4:7, 9, 16, 40) 등 여러 선지자에게 붙여졌다.

애시당초 이방 선지자이긴 하지만, 발람은 하나님의 사람들과 다른 삶을 살아가는 면에서 비교된다. 그는 무엇보다 참 어리석은 자다. 선지자란 앞을 내다 볼 줄 아는 자란 뜻인데, 그는 자기 신분에 안 어울리게 앞을 제대로 보지 못한다. 여호와 사자가 앞을 가로 막는데도 볼 줄 모른다. 자기를 태우고 가는 한낱 짐승인 나귀도 보는데, 명색이 선지자란 자는 그렇지 못하니 참 면목없는 일이다.

하나님께서 이스라엘은 자기 백성이니 저주하지 말라고 경고하는 데도 발람은 게의치 않는다. 이스라엘은 하나님 편에 있는 복된 자들임을 알면서도 그는 교만하게도 끝까지 저주하려 한다. 탐욕에 눈이 어두웠기 때문이다. 발락 왕이 온갖 후한 것으로 대접하고 사례를 해 대니 자기 신분이고 뭐고 완전 막장이다. 삯군이 따로 없다. 작금의 한국교회 지도자들이 돈과 명예, 세상 헛된 권세에 취해 제대로 하나님 말씀 펼치지 못하고 사람들 귀에 듣기 좋은 소리해 대는 지경이다. 달콤한 설탕 복음 전하는 통에 교회와 신자들은 당뇨병 질환에 걸린 것처럼 무력하기 그지없는 안타까운 현실이다.

하나님의 축복받은 백성들로

모세는 사람의 어떠함을 생각하지 아니하고 하나님을 먼저 생각했다. 하나님의 사람들임을 기억하고, 하나님의 백성임을 떠 올리고, 하나님 입장에 서서 그는 말하고 행동했다.

내가 이제 마지막 죽어가는 순간인데, 이 죽음을 눈 앞에 두고서 이스라엘 백성들에게 무슨 말을 할까. 하나님이시라면 무슨 말씀으로 이들과 함께 하실까, 그의 고민과 깊은 묵상이 그려진다. 이 백성들의 조상, 아브라함을 처음 불러서 하신 말씀이 그에게 상기되었으리라.

"여호와께서 아브람에게 이르시되, 너는 너의 고향과 친척과 아버지의 집을 떠나 내가 네게 보여 줄 땅으로 가라. 내가 너로 큰 민족을 이루고 네게 복을 주어 네 이름을 창대하게 하리니 너는 복이 될지라. 너를 축

복하는 자에게는 내가 복을 내리고, 너를 저주하는 자에게는 내가 저주

하리니 땅의 모든 족속이 너로 말미암아 복을 얻을 것이라 하신지라"(창

12:1~3).

이 백성을 축복하시는 분이 하나님이신데, 마땅히 나도 그의 사람으로서

이 백성을 축복한다. 이들을 축복하는 자들에게 동일하게 내리는 하나님의

복이 이미 내게 있지 않는가. 그 복의 사람으로 이스라엘에게 마지막 내리

는 모세의 메시지는 축복이다.

"이스라엘이여, 너는 행복한 사람이로다. 여호와의 구원을 너 같이 얻은

백성이 누구냐. 그는 너를 돕는 방패시오, 네 영광의 칼이시로다. 네 대

적이 네게 복종하리니 네가 그들의 높은 곳을 밟으리로다"(29).

축복하시는 하나님을 따라 마지막 순간에도 남겨진 백성들을 축복하는

사람 모세의 모습은 골고다 십자가를 하루 앞두고 남겨질 제자들을 향해 마

지막 메시지를 장황하게 남겨 주시는 예수 그리스도의 모형이다.

"유월절 전에 예수께서 자기가 세상을 떠나 아버지께로 돌아가실 때가

이른줄 아시고 세상에 있는 자기 사람들을 사랑하시되 끝까지 사랑하시

니라"(요 13:1).

요한복음 13~17장에 걸친 예수의 유언 메시지는 축복의 메시지다. 자기 사람들에 대해 끝까지 내리는 사랑 때문에 하시는 일이다. 나아가 예수께서 죽으시고 부활하신 후 하늘로 승천하시기 직전에도 또한 남겨진 자들을 향해 하신 일은 축복의 역사였다.

"예수께서 그들을 데리고 베다니 앞까지 나가사 손을 들어 그들에게 축복하시더니"(눅 24:50).

예수께서 승천하시기 전에 손을 들어 사도와 제자들에게 축복을 하신다. 훗날 사도들로 하여 성도들을 향한 축도(고후 13:13)의 원형을 제시한 사건이기도 하다. 모세와 예수의 삶을 따라 사는 제자들로서 우린 마지막까지 세상을 향하여 축복하는 인생의 모본을 본다. 살아가는 동안 갖은 사람을 대하며 여러 사건과 사고를 통해 내 마음이 기쁘고 만족스럽기도 하지만, 상대적으로 우울하고 불편하며 속상한 관계도 참 많다. 일상에서 모세가 늘 그랬듯이 하나님 편에 서서 하나님 백성들을 대하는 신실함 잃지 말아야 하며, 마지막 죽음에 처하는 그 순간까지도 하나님의 사람, 축복의 사람으로 지낸다면, 유종의 미를 남기는 복의 인생이지 않겠는가.

12

은혜입은
사람

신 34:1~12

40년을 한결같이 살아왔다. 모세의 꿈, 단 하나의 비전. 그것만 바라 보며 이스라엘 60만을 이끌고 출애굽하였고, 광야에서 40년을 지냈으며, 이제 그 약속의 땅, 꿈의 무대가 펼쳐지는 곳까지 드디어 왔다. 하나님은 모세를 비스가 산꼭대기에 올려 그가 평생 바라던 젖과 꿀이 흐르는 가나안을 멀찍이서 내려다 보게 한다.

"모세가 모압 평지에서 느보산에 올라가 여리고 맞은편 비스가 산꼭대기에 이르매, 여호와께서 길르앗 온 땅을 단까지 보이시고, 또 온 납달리와 에브라임과 므낫세의 땅과 서해까지의 유다 온 땅과 네겝과 종려나무의 성읍 여리고 골짜기 평지를 소알까지 보이시고, 여호와께서 그에게 이르시되, 이는 내가 아브라함과 이삭과 야곱에게 맹세하여 그의 후손에게 주리라 한 땅이라. 내가 네 눈으로 보게 하였거니와"(신 34:1~4a).

참으로 감개무량한 순간이다. 지나온 인생의 모든 고난과 역경의 순간 순간들이 주마등처럼 흘러가며, 약속의 땅에 대한 그리움이 비로소 눈 앞에 실체로 드러나는 순간이다. 이스라엘 12지파가 장차 들어갈 온 땅을 두루 살핀다. 이스라엘 맨 북단 단 지파가 거할 곳도, 서쪽의 지중해도 남쪽의 사막과 연안까지 그의 육신의 눈이 내려볼 수 있고, 영의 눈이 가늠할 수 있는 곳까지 대하는 모세의 심정은 참으로 대단했을 터이다. 이 가나안에 대한 약속은 아브라함 때부터 시작한 일이다.

> "아브람이 그 땅을 지나 세겜 땅 모레 상수리나무에 이르니 그 때에 가나
> 안 사람이 그 당에 거주하였더라. 여호와께서 아브람에게 나타나 이르시
> 되, 내가 이 땅을 네 자손에게 주리라 하신지라"(창 12:6~7a).

여러번 하나님이 조상들에게 했던 약속을 이제 수 백년이 지나 비로소 이루는 순간인데, 참 아쉬운 일이 뒤잇는다. 모세, 너는 이곳을 들어갈수 없다고 하시니 말이다.

> "너는 그리로 건너가지 못하리라 하시매"(4b).

이미 알고 있는 대로 므리바 물 사건으로 그가 하나님의 거룩을 훼손하였기에 일어난 징계였다(민 20:1~13). 그가 나중에 또한 다시한번 간청하며 간구하였음에도 여전히 하나님은 돌이키지 않으셨다(신 3:23~27). 마지막 아쉬움과 야속함을 남기지만, 한편으로 율법의 대명사인 그가 가나안에 들어가지 못함으로 말미암는 은혜의 신학을 또한 남겼으니, 마지막까지 그는

참으로 하나님나라에 온전한 충성을 다 한 셈이다. 그의 죽음에 대한 미스테리 또한 놀랍고 신비롭다.

> "이에 여호와의 종 모세가 여호와의 말씀대로 모압 땅에서 죽어 뱃브올 맞은편 모압 땅에 있는 골짜기에 장사되었고, 오늘까지 그의 묻힌 곳을 아는 자가 없느니라. 모세가 죽을 때 나이 백이십 세였으나 그의 눈이 흐리지 아니하였고 기력이 쇠하지 아니하였더라. 이스라엘 자손이 모압 평지에서 모세를 위하여 애곡하는 기간이 끝나도록 모세를 위하여 삼십 일을 애곡하니라"(5~8).

모세 오경 속에 드러난 이스라엘의 출애굽과 광야의 역사 이야기는 실로 흥미진진하고 대단하다. 이처럼 스케일이 크고 스펙타클한 소재는 유사이래 아마 없을 것이다. 그 중심에 모세라는 위대하고 탁월한 영웅이 있다. 그런데 여기서 참으로 주의가 필요하다. 성경은 모세를 드러낼려고 하지 않고 하나님을 드러낼려고 한다는 점이다. 자칫 모세에 눈이 멈춰 버리면, 성경의 진실을 놓쳐 버리는 일이다. 모세 오경은 모세의 이야기가 아니라 하나님의 이야기다. 하나님이 자기 백성들을 구원해 내고 가나안으로 이끌어 가시는 주인공이다.

하나님이 아브라함 때부터 약속하셨던 일이고, 이삭과 야곱으로 이어지는 족장들을 통해 지속적으로 일하셨으며, 그리고 마침내 애굽의 노예로 있던 그들을 구원해 내시는 역사다. 그 하나님의 일하심에 모세는 어느 한 순간 귀하게 쓰임 받았을 뿐이다. 하나님의 위대한 역사에 쓰임받을 수 있었으니, 그게 모세에게 복이지 않겠는가. 은혜이지 않겠는가.

주의 종이오니 주의 뜻대로

모세는 비록 자기 행한 것에 비해 상대적으로 이 땅에서는 상을 다 받지 못했다고 볼 수도 있다. 그렇게 수고했지만 그러나 불행하다고, 억울하다고, 안타깝다고 여기는 사고는 결코 성경이 의도하는 바가 아니다. 맡은 자의 구할 것은 그저 충성이요, 하나님 뜻 대로 쓰임 받을 수 있는 단 한순간의 일만 주어져도 종에게는 얼마나 감사요 은혜이며 축복이랴. 하나님 역사 진행에 쓰임 받을 수 있다는 사실이 은혜이지 않겠는가.

"천사가 이르되 마리아여 무서워 하지 말라. 네가 하나님께 은혜를 입었느니라. 보라, 네가 잉태하여 아들을 낳으리니 그 이름을 예수라 하라. 그가 큰 자가 되고 지극히 높으신 이의 아들이라 일컬어질 것이요, 주 하나님께서 그 조상 다윗의 왕위를 그에게 주시리니 영원히 야곱의 집을 왕으로 다스리실 것이며, 그 나라가 무궁하리라. 마리아가 천사에게 말하되, 나는 남자를 알지 못하니 어찌 이 일이 있으리이까. 천사가 대답하여 이르되, 성령이 네게 임하시고 지극히 높으신 이의 능력이 너를 덮으시리니 이러므로 나실 바 거룩한 이는 하나님의 아들이라 일컬어지리라.

보라, 네 친족 엘리사벳도 늙어서 아들을 배었느니라. 본래 임신하지 못한다고 알려진 이가 이미 여섯 달이 되었나니 대저 하나님의 모든 말씀은 능하지 못하심이 없느니라. 마리아가 이르되 주의 여종이오니 말씀대로 내게 이루어지이다 하매 천사가 떠나가니라"(눅 1:31~38).

처녀 마리아가 당하는 황당함과 무서움이 얼마나 컸겠는가. 남자를 알지 못하는데, 뱃 속에 태아가 생기고 아들을 낳는다니, 이런 청천벽력이 세상에 어디 있으랴. 사형에 처해지는 것도 두렵거니와 부모 형제들과 사람들로부터 당할 수모와 손가락질은 너무 억울한 일이다. 도무지 있을 수 없고 믿기지 않는 듣도 보도 못한 일을 당하는데, 하나님의 역사하심 앞에 그녀는 믿음으로 순종하며 감사히 받아들인다. 하나님께 은혜입은 자의 반응이요, 삶이다.

믿음의 사람들이라고 이런 화답이 잘 될 수 있나. 평소의 신앙과 믿음이 쌓이고 쌓여진 내공의 깊이가 또한 은혜를 인지하며 복의 열매를 쥐는 것이다. 주의 종이오니 주의 뜻대로 이루어지이다. 주의 일군으로 그렇게 수고하여 이 백성들은 가나안에 들어가는데, 나는 못 들어가도 주의 뜻이니 감사요 은혜요 복이니이다.

모세가 가나안에 들어가지 못하는 아쉬움이 아니다. 야속함도 아니고 억울함도 아니고 토사구팽 당한 것도 아니다. 하나님께 쓰임 받는 일군으로서 모세는 얼마나 은혜받은 사람인가, 복있는 사람인가 하는 관점이 성경이 주는 교훈이다. 그 모세에게 주신 하나님의 복, 하나님의 대우하심이 늘 이러했지 않는가.

> "그 후에는 이스라엘에 모세와 같은 선지자가 다시 일어나지 못하였나
> 니, 모세는 여호와께서 대면하여 아시던 자요"(10).

하나님이 그를 대단히 높혀 주신다. 모세가 선지자 중에 단연 최고이고 짱이다,는 의미가 아니다. 그가 맡은 역할과 책임, 하나님으로 인해 하나님이 그에게 주신 그 과업이 커서, 단지 그 위대한 사명을 모세가 맡았기에 그 자신에게 영광이요 복이라는 사실이다. 하나님과 얼굴과 얼굴을 마주 대할 수 있다니, 이 얼마나 생사를 초월하는 깊은 관계런가. 수많은 다른 선지자들도 하나님의 말씀을 직접 받아 대언하였지만, 감히 그 어떤 누구도 모세를 제외하곤 하나님의 얼굴을 직접 대하진 못하였다.

하나님이 얼마나 그 모세를 찾아와 대면하며 만나주시고 함께 하셨던가. 그만큼 모세는 그가 맡은 사명이 위대하였고 책임이 크고 막중하였다. 그 인격 자체가 위대하고 훌륭하고 대단한 것이 아니라 그가 부여받은 하나님의 사명과 일이 크고 대단하여서, 하나님이 각별히 더더욱 그를 대면하고 그를 위로하며 격려하며 함께했을 것이다. 200만, 말도 안되는 그 백성들 데리고 40년 광야생활하면서 그가 겪었을 고충, 심리적 장애, 고역스러움, 스트레스... 얼마나 난 못하겠다, 도망가고 싶었을까. 그 모세를 다독이고 용기 주며 함께해 주는 하나님, 당신이 인간의 연약함, 부족함, 어리석음 대신 체휼하시니 그게 은혜요 기쁨과 감사이지 않겠는가. 그것이 끝까지 순

종하는 능력이요 비결이었으리라.

은혜 받은 자의 노래

오늘 우리 모두도 다 하나님의 부름받아 저마다 맡겨진 일이 있다. 구속의 백성으로서 그에 적합한 그의 일군으로, 사명자로 책임 맡았다. 우리 가는 길에 각자 사명받들어 충성하는데, 도중하차란 있을 수 없다. 다른 사람과 비교하여 우월하거나 열등하거나 그런 건 없다. 크거자 작거나, 많거나 적거나는 다 세상의 어리석은 평가요 가치일 뿐이다. 하나님께서는 그것으로 재단하고 판단하시지 않는다.

돌에 맞아 죽은 스데반의 죽음을 알지 않나. 세상 기준으로 보면 완전 실패요, 비명횡사다. 그런가. 성경은 그렇게 말하지 않는다. 사도 바울을 들여다 보자. 그가 평생에 얼마나 수고하며 애쓰며 큰 일을 했는가. 교회의 기초를 세우고 기독교의 교리를 만들어 기독교 선교역사 2천년 역사 이어지게 했다. 그 어려운 시대, 갖은 고난과 역경 견디며 그 수고와 열심 어떻게 할 수 있었겠는가. 물론 하나님이 함께 하시고 성령이 늘 간섭하셨지만, 원동력, 출발은 스데반에게 있었을 터이다. 어렵고 힘들때마다 돌에 맞아 죽어가면서도 하나님과 복음을 외쳤던 젊은 스데반의 마지막 모습이 늘 자신에게 도전이 되고 오버랩되었지 않았겠는가. 세상은 젊은 스데반의 죽음을 세상 육신대로 평가절하 할지라도 하나님과 교회에서는 귀히 여기시는 일이다(시 116:15).

예수는 33세, 역시 너무도 이른 나이에 죽었다. 결혼도 못해 보고 세상 악한 범죄자 취급받으며 십자가에 못박혀 죽었다. 막말로 개죽음 당한 건가. 그의 십자가 죽음이 일으킨 하나님나라 생명과 부활의 역사, 구속의 역사가 인류를 새롭게 하고 있지 않은가. 하나님 나라는 이런 것이다. 한 사람의 인생과 죽음을 평가할 때, 세상이 바라보는 것과 하나님이 평가하시는 것은 너무도 다르다.

우린 하나님의 평가, 하나님의 관점에서 이해하고 바라볼 수 있어야 한다. 하나님 손 아래 있는 어떤 인생도 불행하거나 억울한 게 없다. 안 되보이고 불쌍한 인생이란 없다.

그러니 모세의 일생과 죽음을 엿보면서도 우린 세상의 평가로부터 벗어나야 한다. 그는 억울하지도 불행하지도 나쁜 결과 지닌 것도 아니다. 하나님 하시는 일에 그는 수고하였고, 하나님 판단하고 결정하시는 일에 따랐으니 그게 복이요 은혜이다. 이 세상에서의 상, 벌이란 얼마나 제한적인가. 그게 다가 아니다. 그에겐 하나님 만이 그의 아버지요 왕이다. 그 여호와께서 자신과 함께 하시면 그게 다 아니던가. 모세는 참으로 은혜입은 사람이다.

하나님 은혜를 입은 사람, 모세. 그는 실로 하나님 편에 선 인생을 살았다. 그 은혜입은 자의 충성으로 이스라엘은 가나안에 들어갔으며, 하나님 구원의 역사는 열방과 민족으로 확장되고 펼쳐졌다. 그의 실체로 세상에 오셔서 십자가 구속의 은혜와 부활의 역사 잇는 그리스도 예수와 성령 역사 하는 교회의 역사로 하늘의 복은 오늘도 온 민족 열방에 펼쳐지니, 하늘의 영광 높이며 그를 경외함이 마땅하도다. 할렐루야.

"하나님은 우리에게 은혜를 베푸사 복을 주시고

그의 얼굴 빛을 우리에게 비추사(셀라)

주의 도를 땅 위에, 주의 구원을 모든 나라에게 알리소서.

하나님이여 민족들이 주를 찬송하게 하시며

모든 민족들이 주를 찬송하게 하소서.

온 백성은 기쁘고 즐겁게 노래할지니 주는 민족들을 공평히 심판하시며

땅 위의 나라들을 다스리실 것임이니이다(셀라).

하나님이여 민족들이 주를 찬송하게 하시며

모든 민족으로 주를 찬송하게 하소서.

땅이 그의 소산을 내어 주었으니

하나님, 곧 우리 하나님이 우리에게 복을 주시리로다.

하나님이 우리에게 복을 주시리니

땅의 모든 끝이 하나님을 경외하리로다"(시 67:1~7).